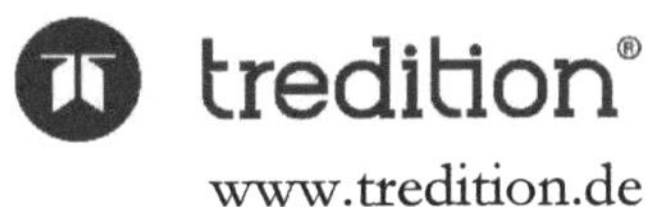

www.tredition.de

Ursina Müller

Vom Tatort bis zu den lieben Schnecken

Dieses Buch soll deine Lebensgeister wecken

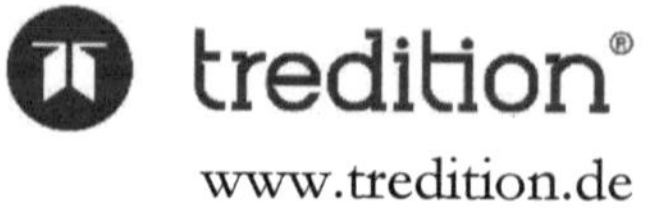

www.tredition.de

Verlag und Druck:
tredition GmbH, Halenreie 40-44, 22359 Hamburg

ISBN
Paperback: 978-3-347-11800-3
Hardcover: 978-3-347-11801-0
e-Book: 978-3-347-11802-7

Danksagung

Vielen Dank meinen lieben Verbündeten in dieser Welt.

Diese Geschichten zeigen Einblicke in mein reiches Leben

voller Freude, Rätsel, Geschehnissen und Erlebtem.

Danke euch allen, die dieses Buch möglich machen.

Ursina

Inhaltsverzeichnis

Gedichte

Corona

Rätsel

1 – 15

Die Lösungen sind auf der letzten Seite.

Der Besuch

Eines Abends besuchte ich meinen Bruder in Immensee.
Wir sassen zusammen, und tranken Bier und Tee.

Darauf wollte er noch etwas fort. Und wir gingen ins Bijou,
am selben Ort.

Der Spass war riesig, er redete – wir lachten. Und nahmen
durch, so manche Sachen.

Um halb elf wollte ich dann auf den Zug. Denn ich musste
noch heimreisen, nach Oberwil Zug.

Es war die letzte Verbindung, die ich hatte. Und in Goldau
verlangte es, dass ich warte.

55 Minuten auf dem Anschlusszug. Von Milano nach Zürich, und zwar im Flug.

Ich trank also einen Kaffee im Bahnhofbuffet. Und wollte
heim, und nur noch ins Bett.

Ich schaute, welches Geleis ich nehmen muss. Und das
Bahnhofbuffet machte auch grad Schluss.

Huiii! Der Zug, der war schon da. Und ich die Türen schliessen sah.

Ich sprang hinein, in den letzten Zug. Und wollte so rasch
wie möglich, nach Zug.

Der Zug fuhr an – und ich merkte dann, dass hier etwas
nicht stimmen kann.

Dann die folgende Durchsage erklang - worauf ich mich in-
nerlich noch besinnen kann -

Der nächste Halt sei Bellinzona. Darauf Lugano und Locarno.

Was soll das jetzt, hab ich gedacht. Auf dass hier jemand Scherze macht??

Das kann nicht sein, das ist gewiss. Und beisse mir, auf mein Gebiss.

Bin ich wirklich im falschen Zug? Und mache jetzt noch einen grossen Ausflug!

Ist das wahr, oder spinn ich jetzt! Hab ich in Goldau zu viel gehetzt?

Ich setze mich hin, und rechne jetzt. Fast kein Abteil, ist besetzt.

Es dauert wohl gut eine Stunde. Und wie ist das mit dem Verbunde?

Erwische ich einen Zug zurück? Und habe ich vielleicht noch etwas Glück?

Ich wusste es nicht - da gab's noch kein Handy. Aber ich wünschte mir jetzt - einen Brandy.

Nach langer Fahrt stieg ich in Bellinzona aus. Wollte immer noch nur, erreichen mein Haus.

Und sah schon bald, das wird nichts mehr heute. Wollte nur zielstrebig, wie die anderen Leute.

Nach Hause, in das warme Bett. So ziemlich rasch und sehr konkret.

Ich schaute mich um, am Bahnhof nun. Was sollte ich jetzt, mit mir bloss tun?

Die Wartehalle hatte so Bänke drin. Und ich doch wirklich müde bin.

Gibt's da nicht ein bequemeres Bett? Ich doch nur schlafen
möchte, im eigenen Bett.

Ich trete hinaus in die dunkle Stadt. Und hoffe, dass es ein
Hotel hat.

Ich rechne gerade mit hohen Kosten. Mit achtzig Franken
für diesen Posten.

Und sehe jetzt ein Hotel, wie toll. Worauf ich hier, nur läu-
ten soll.

Gemacht. Getan. Es bewegt sich nichts. Nicht einmal ein ge-
dämpftes Licht.

Ich warte lange vor verschlossenem Tor, und komme mir etwas merkwürdig vor.

Aber es kommt heut keine Page - keine Person. Auch nicht
an diesem Haustelefon.

Das wird hier nichts, hab' ich begriffen. Und werde wohl
ohne Buchung wieder abzischen.

Ich gehe etwas durch die dunklen Strassen. Und hoffte noch,
es könnt was passen.

Aber kein Hotel, kein Gasthaus hat offen. Und ich habe
auch noch niemanden getroffen.

In der Ferne leuchtet eine grosse Mauer. Das möchte ich mir
genauer anschauen.

Und gehe zielstrebig immer fort. Bis ich komme, an den be-
leuchteten Ort.

Ein Riesenbauwerk mit Burg steht vor mir. Und ich ziemlich
schnell kapier.

So etwas Grandioses zu sehen, passiert nur mir. So prunk-
voll zu sehen, bekommst du es nie.

Eine Pracht von Mauern und Gebäuden. Das bereitet mir
grosse Freuden.

Nur wäre da nicht das fehlende Bett. Ich doch etwas mehr
Musse hät.

So ziehe ich wieder zum Bahnhof zurück. Und werde so
langsam ziemlich verrückt.

Es gibt kein Hotel in dieser Stadt. Das um Mitternacht noch
offen hat.

Ich nehme aber trotzdem die Strasse nach West. Und hoffe
immer noch sehr auf das Best.

Ein Hotel zu finden, zu später Stund. Allmählich wird es mir
ungesund.

Aber trotz allem Laufen und Sehen, und der vielen 100 Meter Gehen:

Ich sehe nur Palmen und einen Park. Und das finde ich jetzt
nicht wirklich stark.

Die Häuser sind dunkel und alle sind zu Haus. Für mich ist
es der Horror, ja wirklich ein Graus.

Zu guter Letzt kehre ich um. Und sage mir, du bist nicht
dumm.

Nimm die Bank im Wartesaal! Aber es ist halt das erste Mal.

Wo ich auf einer Bank muss liegen, um bald den ersten Zug
zu kriegen.

Ich lag drei Stunden auf dieser Bank, fand aber mit Nichten
meinen Rank.

Um zu schlafen an diesem Ort, wo alle Züge sind schon fort.

Um sechs Uhr in der Früh, so steht, dass der erste Zug dann
geht.

Nach Zug und Zürich, in diese Richtung. Ich denke schon,
mir fehlt eine Dichtung.

Wie war ich froh, dann einzusteigen, und mich zu verab-
schieden, vom Land der Feigen.

Und endlich doch noch nach Zug zu fahren. Wie kurios
doch diese Eindrücke waren!

Und irgendwann, so morgens um acht, sage ich dann endlich
gut Nacht.

Wie hab' ich bloss diese Nacht verbracht? Wer hat sich das
nur ausgedacht?

Aber die Geschichte ist wirklich wahr. Auch wenn doch etwas sonderbar.

Und wie schrecklich lang war diese Nacht, die ich habe auf
der Bank verbracht.

Eins kann ich nur sagen heute: Erkundet mal, ihr lieben
Leute -

Bellinzona – ja diese Stadt – bei Nacht. Denn die Burg ist
eine wahre Pracht.

5. 5. 2020

Ring

Einst sah ich einen Ring an einem Stand. So schön wie kein
anderer im ganzen Land.

Es war ein Bergkristall - gefasst. Mit einem Ring, der jedem
passt.

In der Form eines Brillanten, so war da der. Und er gefiel
mit wirklich sehr.

Nach unten im Spitz. Ein schöner Schliff. Sicher gibt es dazu
einen Begriff.

Ich verliebte mich in diesen Ring. Ob ich das Geld wohl zu-
sammenbring?

Er wurde von einem Mönch geschliffen. Einmalig und wun-
dervoll. Ich hab' s begriffen.

Tibet sei sein wahrer Ursprungsort. Und ich wollte ihn tragen, nun, sofort.

All mein Geld hab' ich ausgegeben. Damit wir zusammen
weiterleben.

Eine starke Faszination hat dieser Stein. Er ist sehr edel und
total rein.

Umfasst wird die Krone mit 24 Haltern. Und ich werde ihn
für immer behalten.

So trug ich voller Ehrfurcht diesen Stein. Denn er war nun
völlig mein.

Oft wurde ich darauf hingewiesen. Und die Bewunderer haben ihn gepriesen.

Er begleitet mich nun viele Jahre. Und die Geschichte so
fortfahre.

Einst steckte ich den Ring in die Tasche. Ich wollte ihn
schützen, wenn ich abwasche.

Ging drauf mit dem Velo in die Stadt, wo es halt einfach so
vieles hat.

Mit dem Velo zur Bahnstation, und holte etwas von meinem
Lohn.

Darauf erstand ich, was ich wollte, damit es mir wieder reichen sollte.

Ich wollte nach Hause mit den Sachen, ja wollte zügig vorwärts machen.

Holte den Schlüssel aus dem Sack, und belud mein Fahrrad
mit dem Pack.

Es vergingen einige Tage, und dann - ich den Ring nicht
mehr finden kann.

Ich hab' ihn verlegt, bin ich mir gewiss. Sonst hab' ich doch
alles, stehts im Griff.

In der Wohnung wird er irgendwo sein. Strahlend und
schön, hart und doch fein.

Ich ging bald darauf wieder in die Stadt. Wo's alles gibt, und
es alles hat.

Fuhr mit dem Velo wieder zur Bahn, und jetzt hat's mir
mein Gefühl grad angetan.

Ich parkte wie immer, ganz vorne gelinde. Dass ich mein
Velo schnell wiederfinde.

Und du denkst, das ist nicht wahr! Mein Ring schlicht auf
dem Boden war.

Seit zwei, drei Tagen lag er nun dort. Und es nahm ihn keiner fort.

Es ist wirklich ein wahres Wunder. Und ich hatte ihn wieder-
gefunden.

Da lag er auf dem Boden, am selben Ort. Und ich nahm ihn
auf, so dankbar, sofort.

Welch ein Glück ward mir beschenkt, wenn man dies einmal
bedenkt.

So habe ich ihn wieder, den edlen Stein. Nun ist er wirklich,
wirklich mein.

Wir gehören zusammen, das ist gewiss. Dieser Bergkristall,
mit dem schönen Schliff.

Er ist mein Ein und Alles, dieser Ring. Was einst im Mai, in
Zug anfing.

29. 4. 2020

Sandwiche

Immer wenn ich auf Reisen gehe. Und dann schon beim
Bahnhof stehe.

Gönn ich mir etwas, ganz speziell. Etwas am Kiosk, gar
nicht schnell.

Es kann dies einmal ein Heftli sein. Oder für die Ankunft,
einen Wein.

Gerne nehme ich auch etwas zu lesen. Ich kann's ja nehmen,
auf die Spesen.

Und immer nehme ich etwas zu trinken. Um meiner Stadt
Ade zu winken.

Sei es eine Cola oder Kaffee, oder auch einen Minzentee.

Heute ist es wieder einmal soweit, und ich bin zum Reisen
bereit.

Mein Handy, meine Medis sind in der Tasche, und noch eine
Weissweinflasche.

Etwas Reis und Süsses für die Kinder. Das lieben sie sehr, ja
gar nicht minder.

Ich kaufe noch ein Feuerzeug ein. Das sollte immer bei mir
sein.

An etwas zum Schreiben hab' ich gedacht, auf dass man im
Zug ja etwas macht.

Nun sitze ich bereit, in Zug, in der Stadt. Auf dem Bahnhof
- wo es Bänke hat.

Ich sitze so da, und denke mir jetzt, etwas zu Essen, das
wäre nicht schlecht.

So nehme ich meine sieben Sachen. Ich muss ja noch nicht
vorwärts machen.

15 Minuten bleiben mir Zeit. Und ich bin für ein Sandwich
bereit.

So stehe ich an, vor der begehrten Tür. Ich wäge ab, alles
spricht dafür.

Ein Sandwich will ich mir erstehen, und damit dann zum
Zuge gehen.

Ich schau jetzt auf die vielen Brote. Auch gibt es eine Früch-
tetorte.

Was soll es sein, werde ich gefragt. Ich muss noch schauen,
habe ich gesagt.

Brote mit Schinken, saftig und fein? Oder soll es eine Gemü-
sewähe sein?

Es gibt auch grosse Salamibrote. Das ist zu viel, was mir ge-
boten.

Was ist in den luftigen Weggli drin? Das frage ich einfach, so
wie ich bin.

Ein Eierbrot wird mir gepriesen. Und ich muss jetzt fast
noch niessen.

Das Wasser läuft mir im Mund zusammen. Ich muss ja nicht
mehr lange plangen.

Ich kaufe geschwind das Brot, so frisch, und werde es geniessen, im Zug, am Tisch.

Ach, wie freue ich mich auf diesen Moment. Das Ei zerschmilzt, so sanft, behänd.

Die Sauce hat's mir angetan. Was haben sie wohl alles reingetan?

Es geht nicht mehr lange, der Zug fährt ein. So wie man's mag, so soll es sein.

Schnell hab' ich mir ein Abteil ergattert, und der Zug nur noch kurz wartet.

Ich setze mich hin, Richtung Lokomotive. Und sehe aus dem Fenster - Gebäudemotive.

Meine Taschen hab' ich links hingestellt, so, dass keine hinunterfällt.

Ein Schluck Coca Cola sollte es sein. Aber das dünkt mich gar nicht fein.

Ach ja, mein Sandwich, fällt mir ein. Das sollte nun das Nächste sein.

Behände zog ich die Tüte hervor. War völlig zufrieden und stellte mir vor:

Wie er sein soll, der Biss, der Erste. Und ich voller Vorfreude jetzt fast berste.

So tat ich dies, mit Serviette zur Hand. Ich aber den Geschmack nicht richtig verstand.

Klar, darin war Mayonnaise mit Ei. Aber was wohl das andere sei?

Ich wusste es nicht, und biss beherzt. Auf einmal, es mich
beinahe schmerzt.

Ajaaaa, sag ich laut, das ist versalzen. Der Confiseur hat sich
nicht zurückgehalten.

Ich glaube es kaum, es ist so bizarr. Aber diese Geschichte
ist wirklich wahr.

Noch einen Bissen habe ich genommen, und die Aussicht
war jetzt eher verschwommen.

Alles klar, hab' ich gedacht, und laut in mein Inneres hinein-
gelacht.

Der Bäcker ist ziemlich verliebt, der Gute. Und ich fahre
fort auf meiner Route.

Das war jetzt wirklich ziemlich krass. Ich hoffe nur, dass es
bald verblasst.

Das Gefühl, von zu viel Salz auf der Zunge. Es wird wohl
vergehen, in einer Stunde.

Aber vergessen werd' ich dies nie. So jetzt ist Schluss mit der
Sandwichbiografie.

30. 4. 2020

Gedicht über Düfte

Das gibt ein Gedicht jetzt über Düfte. Und wird dich heben
in die Lüfte.

Ein Fläschchen hat mein Interesse erweckt. Als erstes
nehme ich den Deckel weg.

Vorsichtig heb ich's an die Nase, und atme ein. Wie herrlich
können doch Düfte sein.

Ich atme ein, ganz langsam und tief. Wie soll ich das beschreiben in diesem Brief.

Erfrischend klingt es in meinen Nasenflügeln. Es eröffnet
weit meine Gedankentüren.

Mein Kopf nimmt nur das eine war. Und es duftet wunderbar.

Heiter und hell, würzig und schwer. Ich möchte noch einat-
men, vieles mehr.

Es erinnert mich an Limonade. Oder ist es mehr Zitrone?

Es duftet so was von frisch und hell. Meinen Geist berührt
es tief und schnell.

Es betört voll und ganz meinen inneren Sinn. Dass ich jetzt
schon in anderen Sphären bin.

Eine Gabe des Geistes, sich so erfreut. Und Glückseligkeit
sich in mir zerstreut.

Wieder nehme ich eine Nase voll. Ach, das Fläschchen riecht
so toll.

Es könnte auch Orange sein. Aber was taten die da sonst
noch rein?

Aber es ist wirklich schade. Dass du nicht riechst wie ich
diese Gabe.

Ich kann dir nur sagen - es riecht etwa so. Und mich macht
das wirklich froh.

Dieser Duft liegt hier in meinen Lüften. Und so ist es halt,
mit diesen Düften.

Ich kann's nur beschreiben. Hier für uns beide.

Aber riechen kannst du es selbst nicht. Und das ist wirklich
ein herber Verzicht.

Es ist so eine schöne Gabe. Was man riecht, mit seiner
Nase.

So sag ich dir jetzt, steh auf und nimm: Ein duftendes
Fläschchen mit Geist darin.

Sei dies ein Parfum oder ein Öl. Hauptsache es geht dir dabei wohl.

Riech daran und freue dich heute. Und streich es ein wie
feine Leute.

Nimmst dir eine Nase voll. Und schreibe mir – ob es riecht
so toll.

Es ist ein Wunder voller Freude. Ja wir tanzen im Körperge-
bäude.

So riech ich nochmals diesen feinen Duft. Und verschönere
meine Luft.

Meine Nase ist total verzückt. Mein Verstand spielt völlig
verrückt.

Ich liebe den Duft der kleinen Flasche. Und werd' sie bewahren in meiner Tasche.

Ich werd's dir dann zeigen, wenn wir uns sehen. Und wir beide dasselbe verstehen.

Eine grosse Freude ist das mir heute. Und hoffe es erfreuen sich viele Leute.

An den göttlichen Gaben der Düfte. Um schweben etwas durch die Lüfte.

Es tut dem Herzen, meiner Seele gut, wenn man sich etwas Gutes tut.

So nimm jetzt selbst eine Nase voll. Und flieg in die Ferne. Das ist toll.

In Haine wo Orangen und Ylang Ylang erblühen, und die Bauern die Pflanzen ziehen.

Und uns schenken diese Pracht. Unsere Seele für einen Moment lang lacht.

Wer hätte von uns daran gedacht, wieviel so eine Nase macht.

So will ich preisen diesen Sinn. Und ich damit so glücklich bin.

Noch einmal werde ich es jetzt geniessen. Und den Text für heute schliessen.

Riech nochmals an deiner Flasche. Hol sie raus aus deiner Tasche!

Auf dass dieses Menschenglück, dich mag begleiten - noch ein Stück.

Schreib mir noch – welchen Duft hast du gewählt?

Auf dass man so einander erzählt.

Wer wählt was, und wann, und wo.

Das macht mich glücklich, und sehr froh.

13. 4. 2020

Maiglöckchen

Es trat eine ältere, hübsche Frau aus dem Volg. Es schien,
sie hatte keinen Erfolg.

Etwas betrübt war Ihr Blick. Etwas Sorgen in ihrem Genick.

Ich fragte sie: Haben Sie es nicht gefunden? Und wir waren
sofort zusammen verbunden.

Sie suche einen Maiglöckchen Strauss. Aber sie ginge leider
leer hier raus.

Das tut mir leid, erwiderte ich. Ich fand das schon so meine
Pflicht.

Sie berichtete mir, sie lebte einst, in der Stadt Paris. Und dort
sei dies Tradition – gewiss.

Am 1. Mai bekommt dort jeder - nicht etwa eine Entenfeder.

Nein, man bekomme einen kleinen Strauss. Oder schenke
diesen einem Freund zu Haus.

2 – 3 Maiglöckchen besagt die Tradition, an dem Tag, wo
man kämpft um etwas mehr Lohn.

Sie habe zudem heute - ihr Blick wurde lieb - eben Geburts-
tag, und hätte gekriegt.

Von ihrer Mutter, Jahr für Jahr, ebenso Maiglöckchen –
wunderbar.

Oh wie nett! Ich gratuliere herzlich. Und meinte dies von
Herzen – wirklich.

Sie lächelte dankbar und sehr beglückt. Ja, das Leben ist
herrlich – und manchmal verrückt.

Ich sagte ihr, wenn ich hätte solche Blumen, würde ich keine Zeit versäumen.

Ich würde ihr sofort welche schenken, und ihre Welt in Bahnen lenken.

Sie lachte glücklich und verzückt. Sie hatte erhalten, das Blumenglück.

Und dies zwar jetzt mit Worten nur. Ohne die Gabe der Natur.

Ich denke, sie war glücklich an dem Tag. Und das war, was ich zu bezwecken mag.

Es muss nicht viel sein – nur ein Wort. Doch das Leben stimmt sofort.

3. 5. 2020

Sudoku

Es sind so villi Zahle vor mir, do uf säbem Blatt.

S füfi, s drüü, und s sächsi staht, das wird no cheibe glatt.

Ich müesst jetzt usefinde, und mich jetzt überwinde, do vor
säbem Blatt.

Was chunnt denn ine, wo giz zwee?? Oder gar am änd no
mee? Ich sötts ebe gsee!

Ich sitze do ir Stube inne, und sött Zahle usefinde, oh herr-
jee minee.

Es sind so vill Zahle vor mir, do uf säbem Blatt.

Mer mues jetzt luege i de Queri und no im Quadrat.

Aber au ir Längi - susch isch es vorhär z spat.

Es sind so villi Zahle vor mir, do uf säbem Blatt.

Ir zweit und dritte Spalte, das müsst i mier jetz bhalte, chunt
es füfi vor.

Und ir erschte, voll zum berschte, jetz gits grad es Tor.

Got's ächt grad wiiter, voll im Takt? Und gits es dopplets
Füferpack?

Leider need, es isch verbii, das isch halt erscht de Afangs
gsii.

Es sind so vill Zahle vor mir, do uf säbem Blatt.

Was chunt as Nächscht's? Ich weiss es ned.

De achter wäri guet. Ich bliib uf der Huet.

Das gits jetz aber need! Mer cha das nonig wüsse, und drum
nonig bschlüsse.

Es sind so vili Zahle vor mir, do uf säbem Blatt.

Mer rapplet sich um Spalte, möchte möglichscht vill no
bhalte,

aber s isch halt schwer. Es isch no so vill leer.

Jetz hanis gsee ir Mitti, das wäri jetz die dritti.

Es eis het Platz im Loch, ach ich schaff das doch.

Es sind so vili Zahle vor mir, do uf säbem Blatt.

Vill het das nonid brocht, au wenn's jetz do stoot.

Ich bruch no vill meh Zahle, und gang go Kafi mahle.

Es duuret jetz e Ziit. Vilicht chum ich jo grad wiit.

Was isch do mit dem drüü?? Do isch jo gar nüt för.

Ei ei ei de Ufwand! Es isch doch zimmli schwär.

Und ich stellt mer jetz vor, wie ich scho fertig wär.

Möglich isch vill, das git's jetzt z bestimme, und a dem Obig
de 10er z erklimme.

Es sind so vili Zahle vor mir, do uf säbem Blatt.

En Glücksfall git's grad jetz! Das isch denn au kän Scherz.

D Fälder wärdet voll, das isch jetz würklich toll.

Jetzt fülled sich die Spalte, mus nümm e so vill phalte.

Drum chan ich doch grad jetze, en Gang mol ufe setze.

Es sind so vill Zahle vor mir, do uf säbem Blatt.

Es flimmered die Zahle, wie helli Liechterstrahle.

Vor mine Auge. S isch jo chum zum Glaube.

Ich gsee so vill, wo was häre sell. Es got jetz würklich
schnäll.

Das Chrüz wird immer änger, und d Reihe immer länger.

Es sind so vili Zahle vor mer, do uf säbem Blatt.

E Pause mit Wii, Ziit got verbii. Das sell e so siii.

Mit frischem Muet - es git nochli Gluet - lueg ich, was sich
als Nächscht's uftuet.

Es isch verflixt. Es passet nix. Was chönnti no go? Wo
chönt's no stoo?

De Kafi isch guet, er git mir chli Muet. Und ich hoffe, dass
bald alles denn stimme tuet.

Es sind so vill Zahle vor mir, do uf säbem Blatt.

No 3 sind leer. Jetz isch nümm schlimm. Die meischte Zahle
sind scho dinn.

Ich cha mich entspanne, ha freud wie en Flamme. Ha freud
wien es chlises, chlises Chind.

Has gschafft jetz grad, es isch parat. Das Rätsel het mi möge.

Ich sitze do ir Stube inn, und ghör vo dusse d Vögel.

Es isch de Hit, ich bi nümm fit. E tolli Sach, die Böge.

Fascht wär ich bi der letschte Zahl, doch einisch inegfloge.

Es sind so vili Zahle vor mir, do uf säbem Blatt.

Ich find das Spieli gierig, und einfach cheibe glatt.

Es sind jetzt alli Zahle vor mir, do uf säbem Blatt.

Die Falte

Ich bin eingeladen zu einem Essen. Und hab die Guezli
nicht vergessen.

Das ist der Freundin ein Genuss. Ich gehe geschwind – ja
bin im Schuss.

Mit dem Bus fahre ich ins Ägerital. Das ist nicht das erste
Mal.

Einst gewohnt hab' ich dort oben, aber meinen Wohnort
schon lange verschoben.

Ich werde herzlich empfangen - wie ist das schön. Und
heute geht noch etwas der Föhn.

Die liebe Frau hat ein herrliches Essen gemacht. Und wir haben einen schönen Mittag verbracht.

Sie fragt mich, ob ich könnte für sie bügeln. Ja sie hatte grossen Aufwand mit dem Zügeln.

Ihre Wohnung wurde renoviert. Und sie war deshalb um-
quartiert.

So hat sich nun die Wäsche gestaut, und sich ein grosser
Turm aufgebaut.

Und diesen gilt es nun zu mindern, oder lassen grad ganz
verschwinden.

Ich habe mich also hingestellt und es mir auch ganz gut gefällt.

Zu bügeln die Tücher und die Leinen. Ich stehe so da, auf meinen Beinen.

Ich nehme also ein neues Stück. Und bis jetzt hatte ich wirklich Glück.

Alles ging gut – ich arbeite gern. Rumzusitzen liegt mir fern.

Aber dieses eine Tischtuch jetzt. Es ist doch irgendwie verhext.

Ich bügle ein, eine Falte, ganz gross. Was soll ich nur machen damit - bloss.

Ich lege den Stoff etwas besser hin, und benetze ihn, so wie ich bin.

Aber, ohje, sie geht nicht mehr fort. Die Falte ist gross, an ihrem Ort.

Ich bügle und erhitze, bis ich schwitze.

Aber die Falte bleibt einfach drin. Was ich doch für eine Hausfrau bin!

Man müsste die Decke noch einmal waschen, um den Fehler wett zu machen.

Denn alles was ich tu nützt nix. Es ist halt einfach wie verflixt.

Ist da einmal eine Falte drin, macht alles Bügeln keinen Sinn.

Die Falte bleibt ganz schlicht bestehen, da kannst du x Mal
drüber gehen.

Und die Decke sieht furchtbar aus: In der Mitte - sie geht
einfach nicht raus.

Die präzise und so grosse Falte, was ich aber für mich be-
halte.

So wird sie, meine Freundin, eines Tages sehen - Es mögen
noch einige Tage vergehen.

Diese Falte mitten auf dem Tuch. Ja zu bügeln, ist nicht wie
zu lesen ein Buch.

Den Fehler, den Schlimmen, den siehst du jetzt immer.

Bis einst das Tuch wird wieder gewaschen, mit so einigen
anderen Sachen.

Ich hoffe nur, meine Freundin nimmt's locker, und fällt
nicht gleich vom Stubenhocker.

Wenn sie sieht meine Arbeit dann, wenn Sie das Tuch
nimmt, irgendwann.

Zu Bügeln ist nicht jedermanns Sache. Und ich hoffe, dass
sie dann lache.

Und mir keine Predigt halte wegen der grossen, grossen
Falte.

In Liebe für Ursula

5. 5. 2020

Tatort

Welches ist des Schweizers liebster Sport?? Es ist am Sonn-
tagabend - der Tatort.

Fast jeder sitzt in seiner Stube und schaut, auf was unsere
Gesellschaft baut.

Auf Recht, auf Ordnung, und die Polizei. Nach 90 Minuten
ist alles vorbei.

Es dreht sich um Menschen, und um Geschichten. Darüber
kann man so manches berichten.

Ein Dieb, ein Schuft, einen Mörder gibt's. Und die Polizei
den Täter kriegt.

Manchmal ist die Geschichte ganz wirr. Und manchmal zer-
schlägt eine ihr Geschirr.

Falschaussagen und Komplizen kommen vor. Ja manchmal
gibt's ein Eigentor.

Ein Mord, eine Fehde, eine Gruppe, ein Clan. Viele sind davon so richtig Fan.

Verzwickt, verworren, ungeschoren. Man kriegt ja so manches um die Ohren.

Man ahnt da plötzlich eine gewisse Gunst. Und das ist ja des
Filmes Kunst.

Zu zeigen Personen im gesamten Bild. Ja manchmal wird's
auch wirklich wild.

Es wird gar hart auf Menschen geschossen. Und manchmal
auch viele Tränen vergossen.

Ein Wirrwarr von Beziehungen im Feld. Und meistens
geht's am Rande ums Geld.

Um Immobilien, Güter oder um Recht. Das scheint dem
Schweizer völlig recht.

Tragödien spielen sich ab in der Kiste. Und die Polizei gibt
voll ihr Bestes.

Um zu lindern, die Schmach, und die Wut. Bis alles wieder
stimmen tut.

Ein Delikt wird aufgedeckt. Ja die Gerechtigkeit wird wie-
dererweckt.

Ein Ringen im Gelände, um fiese Diebe. So dass geschehe
Manches aus Liebe.

Auf dass man beweisen kann eine Tat. Und zu retten das
System - den Staat.

Affären und Beziehungen sind voll im Trend. Auf dass man
immer alle Parteien kennt.

Jeder kennt jeden, und das macht's arg. Und manchmal liegt
dann einer am Schluss im Sarg.

So geschieht es Sonntag für Sonntag in der Schweiz. Und
viele lieben diesen Reiz.

Sehen und fühlen völlig mit. Und erwägen immer den nächsten Schritt.

So freuen sich viele, keine Ahnung der Zahl, schon heute
Abend aufs nächste Mal.

Auf die nächsten Lügen, Gedanken und Taten. Was macht
er nur mit dem eisernen Spaten?

Schon manch geschickte Lady hat bedungen, oder um den
Tod gerungen.

Oft wird aber auch einmal einer gezwungen oder ist gar in
die Tiefe gesprungen.

Sie sind drangeblieben trotz Schwierigkeiten. Darauf sollte
man sich vorbereiten.

So ist es eine wahre Kunst, zu gewinnen am Ende, deine
Gunst.

Zu überzeugen und zu erfahren, wer nun die wirklichen Täter waren.

Und diese Gabe ist gewiss ziemlich schwer. Aber bitte sehr.

So sind wir zufrieden Sonntagnacht, als hätten wir etwas
Tolles erbracht.

So einfach ist der Mensch zu lenken, und ihm eine Freude
zu schenken.

Obschon – freudig sind die Filme nicht. Aber nun schliesse
ich den Bericht.

Schau mal rein, am Sonntag spät. Ja setze dich vor dein
Fernsehgerät.

Beginnen tut der Film um acht. Und ich wünsch dir dann
eine gute Nacht.

Ich hoffe, dass du dich herrlich entspannst, und nachher
noch gut schlafen kannst.

Viel Freude mit dem nächsten – Tatort

15. 4. 2020

Selbstportrait

Da sitzt mein Körper, mein Bauch, mein Knie. Wie soll ich
mich beschreiben – wie?

Ich sitze da, so wie ich bin. Vom grossen Zeh, hinauf zum
Kinn.

Die Zehennägel sind rot lackiert. Das habe ich schon lang
kapiert.

Ein Erdbeerrot strahlt da entgegen, dass es verschönert mein
Frauenleben.

Es gibt einen schönen, sexy Schein. Und ich find, das sollt‘
so sein.

Mein Bauch hängt etwas vor – herunter. Beim Essen bin ich
halt stets munter.

Jetzt ist der Bauch gar gross geworden. Das macht mir aber
auch wirklich Sorgen.

Was soll ich tun damit er schwindet, und was meine Rückenschmerzen lindert?

Denn mein Kreuz, das schmerzt, das ist jetzt so. Was mich
macht aber grad gar nicht froh.

Kleinere Portionen sind angesagt, so dass mich erstmal der
Hunger plagt.

Aber ich muss etwas tun, das ist gewiss. Es muss jetzt runter,
mein Gewicht.

Nun aber Schluss, mit dem Gezeter. Ich will ihn nicht, den
Schwarzen Peter.

Meine Beine sind stark und muskulös. Und mein Wesen nie nervös.

Eher munter, leicht und locker. Die gute Laune fällt wie Flocken.

Ein guter Rat, ein offenes Ohr. Stehts Guter Ding', und ziemlich froh.

Meine Hände sind kräftig und auch fein. Meine Absicht meist gebend, und recht rein.

So will ich nehmen meine geliebte Tasse. Denn ich nie von Kaffee lasse.

Ich trinke oft und ziemlich viel. Etwas weniger wäre das Ziel.

Meine Haut ist warm und etwas zart. Mein Durchhaltewille stets sehr stark.

Mein Empfinden sinnlich und wahr. Und ich trage langes Haar.

Ich färbe sie hin und wieder braun, um halt jünger aus zu schauen.

Lockig fällt mein Haar herunter. Es ist zerzaust, mal drüber und drunter.

Aber das fällt nicht ins Gewicht. Ich kämme mich, oder hab das Haar im Gesicht.

Etwas Bewegung an der frischen Luft, ja das tut gut und macht mich bewusst.

So gehe ich eine kurze Strecke. Damit ich meine Lebensgeister wecke.

Ein paar Schritte jeden Tag, das ist etwas, was ich mag.

Mein Bewusstsein ist so hell und heiter. Gemütlich schreibe
ich jetzt weiter.

Höre gerne schöne Töne erklingen, versuche aber nicht
mehr mitzusingen.

Lieber höre ich harmonische Töne. Die mein Herz, meine
Muse, verwöhne.

Kultiviertes, Klassik oder Pop in der Art. Gerne lieblich,
oder wuchtig und zart.

So schätze ich mein Angesicht. Kleide mich farbig, aber
schlicht.

Mit Öl verwöhne ich meine Haut. Ja klar, dass man auf die
Gesundheit schaut!

So ist sie weich und zart und rein. So möchte ich' s haben, so
möchte ich sein.

Ich grüsse Dich herzlich nun am Ende. Und gebe dir noch
meine Hände.

Eine Umarmung nun zum Schluss, und noch ein echter Herzensgruss.

Sei behütet und beschützt für immer, und finde wieder mal
meine Klingel.

Ich freue mich sehr auf ein Wiedersehen. Und hoffe, dass
nicht zu viele Tage vergehen.

17. 4. 2020

Menschenrechtskonvention

Ich schau sie mir mal an, die Menschenrechtskonvention.

Und werde es behalten, auch so, ohne Lohn.

Es sind 15 Punkte – ja sodann. Und ich wirklich lesen kann.

Aber es scheint sehr komplex zu sein. Wie soll das nur in
den Kopf hinein.

Jeder Staat verpflichtet sich zu seinen Rechten. So die Lin-
ken, wie die Rechten.

Sei es in deinem eigenen Land, oder für jeden der ausreisen
kann.

Überall gilt dieses eine Gesetz. Und es ja niemanden verletz'.

Die Gesetze richten sich an Institutionen, wie an die Politik,
und die Justiz.

Es muss sich ja nicht immer lohnen. Aber dies zu fordern,
ist wirklich ein Hit.

Du hast ein Recht auf Leben nun, sollst aber das Töten gar
nicht tun.

Wirst du aber dennoch ermordet, muss der Staat dir einen
Anwalt besorgen.

Dass geklärt wird diese Tat. Auch wenn es ist, schon reich-
lich spät.

Das Foltern und Morden sind streng verboten. Das gibt einem Staat ganz schlechte Noten.

Auch wenn da tobt ein schrecklicher Krieg. Zu quälen, ja,
das gilt es nie.

Du darfst dir keinen Sklaven halten, sondern sollst deine lieben Angestellten nur verwalten.

Niemanden darf dich in Zwangsarbeit stellen. Nein, nicht
hier, und nicht in den Seychellen.

Du hast das Recht auf deine Freiheit, und auch auf deine
persönliche Sicherheit.

Dies gilt aber nur, wenn du nicht wirst gefangen. Ja, wenn
man stellt dich, an den Pranger.

Dann ist schnell vorbei mit deinem Tun. Und das ist sicher —
darauf kannst du ruhen.

Nur psychisch Kranke kannst du halten. Und Strassenmen-
schen nicht verwalten.

Die haben aber auch Anspruch auf einen Richter — das gehört zu den staatlichen Pflichten.

Sie müssen dann ihr Recht aber selber vertreten. Ja irgendwann ist fertig mit herum zu zetern.

Du kannst auch fordern Schadenersatz. Wenn du wirst zu
Unrecht gehalten auf deinem Platz.

Ein öffentliches Verfahren steht dir garantiert zu. So kannst
du dich wehren, immer im Nu.

Du hast Anspruch auf ein rechtliches Gehör, und darfst sagen: Jaja, ich schwör.

Es ist zu gewähren die Akteneinsicht, sonst gilt das Verfahren nämlich nicht.

Die Entscheidung erfordert eine Begründung, in jedem Fall. Da gib es wirklich keinen Zufall.

Im Krieg muss Waffengleichheit schon bestehen, denn sonst kann eine Partei vor Gerichte gehen.

Was dieses Gesetz jetzt nur hier soll?? Eigentlich ist das nicht grad toll.

Aber eben, so ist es im Leben: Viele mit Waffen sich rüsten und davon hegen.

Vor allem so ist es mit Kriegsparteien, obschon sie wollen nur Land befreien.

Die neutrale Verhandlung muss man gewähren. Das sind die Regeln, ja die fairen.

Du wirst als unschuldig stets betrachtet. Das gilt immer, auch wenn du nur sitzt, in deinem Zimmer.

Dein Recht auf einen Dolmetscher ist gegeben. Und auf die Verteidigung in deinem Leben.

Und nur die Justiz darf über dich richten. Alles andere gilt mit Nichten.

Und wenn deine Tat hat früher stattgefunden, dem Richter sind die Hände gebunden.

Er kann kein Recht zurück erwirken, und auch nicht in deiner Zukunft wirken.

Wenn das Gesetzt wurde angepasst, gilt die Zeit, wo du das
Gesetz gebrochen hast.

Du hast immer ein Recht auf Autonomie. Dich frei zu bewegen, wie noch nie.

Und auf gewisse Integrität. Bevor es wird mit den Regeln zu
spät.

Du darfst dich beruflich selbst entwickeln. Und auch deine
eignen Kontakte knüpfen.

Dein Körper darf sich Freiheiten erlauben. Und im Geiste
auch so manches glauben.

Es ist deine Freiheit, etwas zu tun. Oder auch mal etwas zu
ruhen.

Du hast Schutz auf den guten Ruf und Ehre. Oder dass dich
auch jemand sehr begehre.

Kannst wählen deinen Namen in der Ehe selbst, ganz wie du
es für richtig hältst.

Du darfst dich kleiden, wie du willst. Jedenfalls dass dies
meistens gilt.

Ein Recht auf Wohnen sei dir gegönnt. Und du wirst mit
Briefen verwöhnt.

Die darfst nur du lesen, so ist es geregelt. Auch wenn der
Brief um die ganze Welt segelt.

Was du denkst, ist deine eigene Sache. Und ich auch immer
vorwärts mache.

Und was du empfindest, ist dein Tun. So lauten die Gesetze
nun.

Auch wenn du an etwas Spezielles glaubst. Und dein Leben
auf Felsen baust.

Du darfst frei sagen, was du möchtest. Und auch mit deinen
Worten fechten.

Informiert werden darfst du immer. Und sei dies nur im
Fernsehzimmer.

Die Presse darf schreiben, was sie recherchiert. Am besten
so, dass es jeder kapiert.

So kannst du dir machen, ein eigenes Bild. Das ist hier so,
gar nicht so wild.

Du darfst dich treffen, mit wem du willst, auch wenn du mal
ein Baby stillst.

Euch zu versammeln ist gestattet. Ausser das Notrecht hat
es nicht erwartet.

Du darfst jederzeit eine Ehe gründen. Und dich mit deinem
Liebsten verbünden.

Und die Kinder dürfen kommen, da die Zeit ist schnell ver-
ronnen.

Du darfst dich auch gegen das Recht beschweren. Und es
darf sich niemand verschwören.

Das ist wirklich eine tolle Sache. Worauf die Justiz vieles
richtig mache.

Und eben sonst hast du das Recht, zu klagen wegen Men-
schenrecht.

Du hast ein Recht auf Freiheit in vielen Sachen. Ich möchte
jetzt eine Aufzählung machen:

Geschlecht, Ethnie, Hautfarbe, Sprache und Religion. Aber
ich denke, das kennst du schon.

Diesen Punkt aber hat die Schweiz nicht unterzeichnet. Da
er von anderen Punkten zu fest abweichet.

Aber diese Gesetze gelten für alle, so wie der Halt einer Gür-
telschnalle.

Es unsere Gesellschaft zusammenhält, und keiner willkürlich
etwas fällt.

Nur wenn ist im Land die eine grosse Not. Und es herrscht
Krieg, oder viele sind tot.

Dann gelten nur gewisse Punkte. Dass mich das etwas komisch dünke.

Aber es ist halt nun mal so. Und im Grundsatz bin ich froh.

Aber Recht auf Nahrung gibt es nicht. Das wäre eigentlich
eine gute Pflicht.

Das war jetzt viel, und es war schwer. Aber ich denke, das
hilft schon sehr.

Wer einmal hat dies selbst gelesen, wird sich erinnern, wie's gewesen.

So macht man sich doch etwas mehr vertraut, worauf so unsere Gesellschaft baut:

Auf Recht und Ordnung in diesem Staat. Und jetzt bist du etwas besser parat.

Ich danke dir für deine Weile. Und schreibe hier die letzte Zeile.

4. 5. 2020

Ou die Suecherei!!

Ich ha jo es Dihei. Mängisch sueched nämmli zwei.

Ich bi no immer elei. Und überchrütz jetze d Bei.

Vo wo chunt er denne? Wohär tuesch ihn kenne?

Hejo, vo dem Internet. En Fründ isch nämlich, was ich wett.

Isch er denn en Athlet? Oder was staat denn deet?

Ich sueche nur en Maa, wo Sorg zu mir wott haa.

Aber säg, wie gross isch de? - Lueg jetz liked di grad zwee!

De einti isch halt nid min Typ, und mit em andere chasch
ned under d Lüt.

E cheibe Sach die Suecherei, und denn au no die Buecherei.

Eis go zieh isch zvill verlangt, und de ander het kei Verstand.

Das isch e Trophy, en Hürdelauf. Vili Erfahrige nimmsch
ich Chauf.

Di eine bütet sogar Gält, und anderi regiered d Wält.

Es git settigi, die schriibed nie, aber interessant wäred jo grad
die.

Anderi bruched grad zwee Wuche zum Prichte. Do druf
chani denn au verzichte.

Do wär eine vo Winterthur, und het sogar no d Bruefsmatur.

Rauche döfsch au, do hani Glück. Aber er wett Chind, und
zwar zwei Stück.

Do, lueg eine, ufem Bild! Ich weisses ned, es isch eifach zvill.

En Kaulquappe isch en Scherz dägäge. Mer müessti sich halt
besser pfläge.

Das wär no en tolle Typ, do lueg. Öb ich ihm denn au gfalle
tue?

Sini ethnisch Härkunft isch aber nid vo doo. Drum lass lieber d Händ devo.

Dete wär jo no en Leu wie ich. Das wär mol guet. Jo en Ver-
gliich.

Dete isch eine, de isch sicher riich. Jo aber säg au, das isch
mir gliich.

Do tobt sich eine schampar uus. Im Fitnessbereich, chunsch
jetze druus?

Das isch leider nid min Fall. Au wenn ich ihm no zimmli
gfall.

De Typ isch sächzgi oder no mee. Und möcht halt hübschi
Fraue gsee.

De anderi staht uf spitzi Schue, aber das will mer nümm
atue.

De gseht super uus und lächlet sogar. Vieles stimmt, jo lueg
au d Haar.

Er will aber kei Raucherin gsee. Drum goht's wiiter, herje-
mine!

De do sigi fascht immer guet druffe, und ich fange wieder a
hoffe.

Das schiint z sii en super Partie. Nur, wo sell ich mit ihm hii?

Er loset Country, Techno und Pop. Wow. Jetz wird's no
richtig top!

Mis Alter schiint z stimme und au d Statur. Do mues i jetzt
schriibe - aber was nur.

So, das wär gmacht, fin und ganz sacht. Aber es got scho i di
nöchschti Schlacht.

Es git vill wo Englisch schriibed. Öb ächt die lang im Land
inne bliibed?

De wär hübsch, aber leider z chlii. Und drumm ziehni a dem
verbii.

So scroll ich die Manne, es isch en Graus. Total verrückt - en
Samichlaus.

So zapped die Bilder so vor mir här. Ich möchte jo nid, dass
es so wär.

De isch was! Drum lueg i gnäuer drii. Glii isches aber au do
scho wieder verbii.

Es paar wenigi gfalled mer, und das würklich. Ich knabbere
ume, am suure Gürkli!

Und denne heissts schriibe, und warte uf d Gunscht. Und
das isch würklich e grossi Kunscht.

Es duuret, es taget, und es wird wieder Nacht. Und ich ha
zwee Stunde mit chatte verbrocht.

Und das got jetz so sit öppe zwei Johr. Und glaub mer nur,
die Gschicht, die isch wohr.

Di eine sueched d Liebi, die andere s Bett. Aber ich weiss,
was i eigentlich wett.

E Maa sells sii, sympatisch und nett. D Freiziit verbringe und
zwar ganz konkret.

Chli go Bade, abe an See. Und Dich hin und wieder, eifach
gsee.

Dich emol id Arme nee, und au emol en Fehler vergee.

Mit dir zäme mini Freiziit verbringe. Und Eus emol ufs Velo
schwinge.

Lache und redä vo dere Wält. Und zäme uusgee euses Gält.

Es Bierli go trinke füre id Stadt. Und Dame spiele und
Schach bis zum Matt.

Mis Schaffe gärn dir präsentiere. Und mich für Dich au sehr
interessiere.

Denn klar, zäme ässe, hejoo, das wärs.

Jetzt bini glaub fertig, mit mim Värs.

Du gsesch, es git Villes, und no so vill mee.

Ich möchte eifacht öpert - öppert zum gsee.

Öpert zum Redä und gärn haa für immer.

Das wetti, so gärn - dis Frauezimmer!

Jetz höri mit Google und Luege und Sueche.

Ich chas jo morn denn wieder versueche.

Und villicht hani jo e Nachricht bechoo.

Das isches, woni jetze no träume devoo.

En Brief, es Mail, en Text, es Wort: Das isch schlichtwäg wie
Spitzesport.

Danke an Dich und für Dini Ziit. Ich hoffe, d Liebi isch glii
sowiit.

9. 4. 2020

Der Sauger

Ich sitze am Schreiben, in der Stube. Und habe schon eine
dicke Grube.

Auf meiner grossen, hohen Stirn. Weil ich gerad am Hirnen
bin.

Ich lausche etwas und höre da: Ein Sauger erklingt! Was ich
ziemlich mag.

Im Treppenhaus macht sich jemand zu schaffen. Es werden
gesaugt, die sieben Sachen.

Ich bin so beglückt, von diesem Geräusch. Auf das sich
mein Herz, oh Wunder, so freut.

Es wird gesaugt, eine lange Zeit. Und mein Gedicht, ist jetzt
bereit.

Oh, ich habe die Zeit wohl vergessen. Und muss jetzt wirklich etwas stressen.

Um abzuholen Gemüse in Baar. Aber es läuft alles wunderbar.

Ich ergreife schnell meine blaue Tasche, und werde erst
abends das Geschirr abwaschen.

Den Schlüssel nehmen und einen Sack. Husch ich geschwind mit meinem Pack.

Ich öffne die Tür und ich sage Dir: Es steht eine Staubwand
da vor mir.

Ich atme ein, ich atme aus. Das alles ist ein furchtbarer
Graus.

Die Luft ist schwer, beladen und voll, und riechen tut es gar
nicht toll.

Irgendwie nach Industrie. Diesen Geruch, den hatte ich
noch nie.

Oh mein Gott, habe ich gedacht. Was hat nur unser Abwart
gemacht.

Er hat wohl alles aufgewirbelt, und ist mit dem Sauger her-
umgezwirbelt.

Aber anstatt zu saugen, was hat er gemacht? Er hat die Sa-
hara hergebracht.

Tausende Staubpartikel schweben nun. Jetzt gibt es dann
aber echt zu tun.

Ich laufe geschwind die Treppe hinunter. Und tu dies wie
immer, richtig munter.

Und wälze mich durch viele Schichten. Es dünkt mich
schon, dass sie mich vernichten.

Der Boden war sauber, das ist gewiss. Aber dem Sauger,
dem fehlt's am Biss.

Vielleicht sollte da ein neuer Sack hinein. Das kann ja wohl
kaum ein Putzen sein.

Zuunterst sehe ich dann schnell: Der Sauger ist ein uraltes
Modell.

Gebracht hat dieses Saugen Staub. So viel, dass ich es selbst
kaum glaub.

Draussen atme ich wieder frische Luft. Ich könnte schwö-
ren, dieser Duft.

War sicher 1000 Jahre alt. Er war so stickig, und irgendwie
kalt.

Es geht geschwind nach Baar, nur fort. An einen völlig anderen Ort.

Ich bekomme da Resten von Äpfeln und Kraut, womit man
draus eine Suppe braut.

Ich nehme den Ausschuss dankend an, auf dass ich dies gut
gebrauchen kann.

Gehe heim mit meinen Taschen, und mit meinen sieben Sachen.

Ach! O Wunder, wie ich staune. Ich hab' heute echt gute
Laune.

Der Boden wurde frisch aufgenommen, und die Luft ist
nicht mehr verschwommen.

Der Abwart hat volle Arbeit geleistet, und hat alles nachbe-
arbeitet.

Er hat die Fenster aufgerissen, um die Luft wohl aufzufri-
schen.

Nur oben, bei mir im 3. Stock, da die Wolke immer noch
hockt.

Aber ich finde hinein - nach Hause. Und gönne mir erst mal
eine Pause.

So etwas habe ich noch nie gesehen. Ja mir noch jetzt die
Haare stehen.

Obwohl, die Arbeit hat's gebracht. Und mein Herz, das hat
gelacht.

So sauge nur mit gutem Gerät. Und beginne früh, nicht spät.

Denn du weisst nie, was dich erwartet. Oder was der andere
startet.

Und nimm es gelassen, wenn geht etwas schief. So wie in
diesem kurzen Brief.

Bemühe dich nur immer fort, und verbessere deinen Lebens-
ort.

4. 5. 2020

Alles Gute zum Muttertag

Oh, all Ihr lieben Mütter zu Hause, heut gönnt Ihr Euch mal
eine Pause.

Ihr werdet verwöhnt nach Strich und Faden. Es werden gebracht Euch, so manche Gaben.

Mit Liebe wurden sie hergestellt, und Vasen mit Blumen aufgestellt.

Um Euch zu schenken diesen Tag, und ich Dich wirklich
sehr lieb hab.

Euch ein Frühstück ans Bett zu bringen, und schöne Töne
mögen erklingen.

Um Euch zu feiern in dieser Stunde, im ganzen Land und im
Verbunde.

Euch zu danken, was Ihr alles gebt, und manchmal für uns
das Leben lebt.

Um uns zu stärken und zu schützen, und uns im Leben so
viel zu nützen.

Ich schenke Euch eine rote Rose heute, und jeder weiss, was
das bedeutet.

Ihr so viel von Eurer Liebe gebt, und uns pflegt, und immer
geht.

Mit all Eurer Kraft, uns ein gutes Leben schafft.

Ihr plant und organisiert für uns gar viel, und denkt immer
an ein höheres Ziel.

Die Familie steht im Vordergrund, und Ihr haltet uns auch
kerngesund.

Ihr kocht, wascht, und räumt schnell auf. Zu verdanken gibt
es Euch zu Hauf.

Ihr uns schnell mit dem Auto fahrt, und ihr Euch für An-
stand wehrt.

Ihr Mütter seid eine wirklich grosse Stütze. Uns Eure Taten
ja so viel nützen.

Ihr schlichtet Streit und seid bereit, und das immer, nicht
nur von Zeit zu Zeit.

Ihr seid Diplomaten. Man wird beraten.

Zu hören auf Euch in jedem Sinn. Ach, wie wir mit Euch
doch glücklich sind.

Drum: Dieser Tag gehört ganz Euch. Und es ist ein schöner
Brauch

Euch zu verwöhnen und zu preisen, um Euch unsere tiefe
Liebe zu beweisen.

So kochen wir heute für Euch ein Gericht. Auch wenn es
scheint, es sei nur schlicht.

Es ist ein Zeichen unserer Liebe. Und diese Weisheit für immer siege!

Im Hier und Heute, auf dieser Welt. Ihr Mütter uns stets zusammenhält.

Dafür möchten wir danken, 1000 fach. Auch wenn's mal
gibt da einen Krach.

Aber wir bleiben stets verbunden, so auch in den schwieri-
gen Stunden.

Ich danke von ganzem Herzen für das alles. Und werde mir
jetzt das Kochbuch krallen.

Um vorzubereiten ein feines Mahl, und um zu danken 1000
mal.

Danke – Danke, liebe Mutter. Du bist einfach wirklich –
wirklich, einfach super.

7. 5. 2020

Das braune Samtjackett

Ja, ich bin Malerin mit Hintergrund und male oft, so Stund
für Stund.

Es ist eine Freude, dies zu planen. Von den Fotos, bis hin zu
den Planen.

Und ich bestelle von Zeit zu Zeit, damit ich bin zum Malen
bereit.

Farbtöpfe, Papier und Pinsel mit Haar, damit meine Kunst
wird wunderbar.

Mit Pigmenten, ganz vielen an der Zahl, kaufte ich Lascaux
zum ersten Mal.

Ich war begeistert, die Kraft, das Strahlen. Mit solchem Material lässt es sich super malen!

Es ist eine Freude, Schicht für Schicht, und den Aufbau lassen schlicht.

Die Formen müssen sitzen, wie das Material, sollen Schönes
erwirken, beim ersten Mal.

Jeder Strich muss dabei sitzen, was einen lässt schauen, um
nicht zu schwitzen.

Ruhig und sanft wird die Farbe aufgetragen. Und für so
manchen Strich, musst du dich wagen.

Die Farbauswahl steht im Mittelpunkt, und dann den Pinsel
in die Farbe tunkst.

Mit Schwung, aber trotzdem sehr präzise, male ich eine Blu-
menwiese.

Zuerst das Kraut, in dunklen Tönen. Ich lasse es trocknen –
ja nicht föhnen.

Denn sonst kann es sein, dass die Farbe springt, wenn du sie
zur Eile zwingst.

So kommt nach und nach darnieder, und man schaut dann
immer wieder.

Aus grosser Distanz das Werk in der Ferne. Diesen Akt mag
ich besonders gerne.

Ich entscheide aus der Weite, in der Höhe, und auch in der
Breite.

Wie es werden soll, das Bild, ab dem Foto, klein und still.

Wenn ich dann habe neu bestummen, was ich als nächstes
hab' ausbedungen.

Mische ich die Farben neu. Auf dass ich meinem Stil möge
bleiben treu.

Und so wird geschichtet, Tag für Tag. Ich höre auf, wenn
ich nicht mehr mag.

Ich erfreue mich am Wachstum sehr, und möchte malen immer mehr.

Aber manchmal fehlt's eben an Papier, oder an den Farben
mir.

So ist es halt, als Malerin: Das Material liegt nicht immer
drin.

Nun war es wieder einmal soweit: Ich hatte neues Material
bereit.

Musste aber noch haben ein neues Brett, denn das gibt es
nicht im Internet.

So zog ich los und holte ich Cham, zwei Bretter gross, so
wie es kam.

Nahm den Bus und fuhr nach Hause, machte aber in Zug
eine Pause.

Beim Postplatz stieg ich nämlich um, weil kein direkter Bus
fährt - drum.

Ich hatte grosse Bürde zu tragen, und mit dem Jackett so
meine Plagen.

Ich zog es aus, schnell und geschwind und ich musste die
Tafeln halten gegen den Wind.

Endlich war ich wieder zu Hause. Und die Geschichte macht
jetzt eine Pause.

Es wurden wirklich schöne Werke. Ich zeige darin ganz
meine Stärke.

Die Farben sind super zusammengestellt, auf dass es einem
ins Auge fällt.

Ich geniesse meine Arbeit sehr. Ich wollte davon machen,
noch weitere - mehr.

Aber am Samstag ist dann Schluss. Da man Besorgungen
machen muss.

So fahre ich mit dem Bus wieder in die Stadt, wo es immer
so vieles hat.

Ich besuche zuerst die Bibliothek, und gehe einen unge-
wohnten Weg.

So laufe ich im Anschluss los, und am Postplatz werden
meine Augen gross.

Da hängt ein Jackett aus braunem Samt, ja der Schnitt ist mir
wohl bekannt!

Ein Jackett, an der Strassenlampe, etwas erhöht, mehr als
eine Rampe.

Ich bin verdutzt und begriffe es nicht. Was macht meine Jacke unter diesem Licht?

Wer hängt so was auf, mitten auf dem Platz? Da wohl jemand keine Schränke hat.

Und dann begreife ich, zuerst spärlich, schliesslich ist es ja
ungefährlich.

Diese Jacke gehörte wirklich mir, denn in den Taschen ist
mein Papier.

Ich war noch nie so sehr betroffen. Ich habe sie unwissend
angetroffen.

Mein eigenes, samtenes, feines Jackett. Ich hab's verloren,
damals mit dem Brett.

Und jemand hat's da aufgehängt, und ich mich hab dahin ge-
lenkt.

Ich wusste nicht mal, dass sie war verloren. Wurde mir aber
hier neu geboren.

Ich nahm sie an mich und war verdutzt. Wann habe ich das
letzte Mal so gestutzt?

Und so hatte ich sie wieder, meine Künstlerkluft. Sie hing da
draussen, an der frischen Luft.

30. 4. 2020

L' amour et 1000 baisers

Ich habe dich im Netz gesehen, und wir jetzt vor Liebe vergehen.

Ich dachte wow, der Typ wär toll. Was ich dazu noch sagen
soll?

Geliked hab' ich dann sein Profil, und jetzt sind die Gefühle
gar zu viel.

Auch er hat mich online angelacht. Wer hätte sich nur so
was gedacht!

Liebe auf den ersten Blick, und zwar schon beim ersten
Klick.

Er ist aber ein Franzose, und ich muss springen in die Hose.

Übersetze vieles im Internet, und mache so meine Unkennt-
nisse wett.

Er liebt mich und sagt mir dies ganz viel. Amors Pfeil erreicht sein Ziel.

Und mein Herz ist angetan. Ich kann gar nicht denken so
daran.

Ich notiere mir die neuen Wörter. Er hat so einen schönen
Körper.

Ein Lachen stets in seinem Gesicht. Ich hoffe, ich verliere
mich nicht.

Wir schreiben viel, von Land zu Land, und sind vereint
schon, Hand in Hand.

1000 Küsse sende ich. Und sage ihm, ich liebe dich.

Er schreibt mir dann, ich sein seine Liebe. Es fühlt sich an,
wie wenn ich fliege.

Süsser Honig durchtränkt mein Herz. Und manchmal mel-
det sich ein Schmerz.

Ist es denn jetzt wirklich wahr? Es läuft alles so wunderbar.

Und wieder sende ich 1000 Küsse. Und sage ihm, dass ich
ihn grüsse.

Und er erwidert mir sodann, auf dass ich nicht mehr denken
kann.

Ich bin gefallen in die Gunst. Und er beherrscht die Liebes-
kunst.

Er sagt mir immer wieder fein - und sein Herz ist vollkom-
men und rein.

Dass ich die einzige Frau bin, die er verehrt. Und das freut
mich, ich bin begehrt.

Mich umzingelt schon bald der Wahnsinn. Es ist so schön,
dass ich geliebt bin.

Und ich begehre diesen Mann. So fest wie ich dies als Frau
nur kann.

Es ist ähnlich wie in einem Traum. Ich möge schütteln am
Apfelbaum.

Und ernten die Früchte gross und fein. Es ist so schön, eine
Frau zu sein.

So werde ich weiter mich vergessen, und mein Französisch
etwas verbessern.

Lernen die Worte, ach so süss. Und werde ihm schicken, einen Gruss.

Er wird erwidern mit einem Kuss, dass ich wieder schmelzen
muss.

24. 4. 2020

Ich has no dänkt, es isch nid wohr. Drum rauf i mir jetzt
grad mis Hoor.

D' Liebi isch ächt gsii, das isch gwüss. Aber ich ha de Typ
klopfet us de Büsch.

Ich ha d Internetadrässe welle vo sim Lade. Er het mer so
gfalle, am Strand, bim Bade.

Es gäbi e keini, het er beschwore. Und ich ha min Glaube as
Gschäfte verlore.

Das cha nid sii, i dere Ziit. In Frankrich sinds nämmli au so
wiit.

So hani zwiflet a de Realität vo dene Bilder. Und ha dänkt,
do triibts jetz eine wilder.

Drufabe hani bättet umes Bild vome Kuss. Jo mer sich halt
was überlegge muss.

Denn hani es Bild im Morgemantel bechoo. Er het wohl
dänk, das miechi mich froh.

Und sicher, es isch süess gsii, gar kein Zwiifel. Aber es hätti
jo d Ächtheit selle bewiise.

Am nechschte Tag hani welle telefoniere. Ha dänkt, er tägi
nur plagiere.

Aber oh wow, er het das au welle. Ha mir denn überleit was i
sell so verzelle.

Mit Face Time vo Whats App hanis probiert. Und ha wieder
dänkt, es laufi wie gschmiert.

Es het denn aber nid rächt welle, und er het vo sim Händy
avo verzelle.

D Kamera sigi kaputt – es giechi ned. Und ich ha dänkt –
das isch mer gliich.

Das isch en Schwindel – en Betrug. Ich reise nie uf Farn-
krich, mit em Zug.

Has denn aber no gnau welle wüsse. Und die Sach au rächt
abschlüsse.

Gfunde hani nüt im Internet. Und mer so öper jo au ned
wett.

Do hani ihm am Tag druf gseit, er sig eine wo Fraue drüleit.

D Bilder sigid Fake, und es stimmi nie! Er sigi eine, wo pla-
gier.

Ich weli via Skype persönlich mit ihm spräche. Aber do
chunt scho s nöchschte Gebräche.

Er hets nid kennt, das bekannte Programm. Und ich ha dänkt, ja nu, sodann.

Hamer usgmolt, dass es en Immigrant sig, wo uf hübschi
Fraue flügt.

Dass er das Läbe in Europa nid kennt. Und sich vo sinere
Familie het trennt.

Jetzt läbt in Frankrich mit Kollege. So öppis hani dänkt, ich
weiss, ich gsehnes.

Ich has aber no welle sälber durchschaue. Wie das Spiel goht
mit de Fraue.

Und ha im Facetime einfach telefoniert. Und er hets heftig z
verhindere probiert.

Ich han ihn no gfrogt, wo här er chömi. Und dass ich sini
Gfühl guet verstöchi.

Er schriibt, us Rom, det sig er gebore. Und so het er sis
Spieli wieder verlore.

Ich ha denn gseit, ich miechi Schluss. Und dass er mir
nümme telefoniere muss.

Drufabe - und das het ich nid erwartet - lüteter a, mit Face
Time, usemne Garte.

En Maa, so schwarz, wie d Nacht am Ändi. I ha mir dänkt,
dass das jetz längi.

En churze Augeblick nur han ihn gseh. Und ich will nüt vo
ihm, nie meh.

Ich ha für mich gschmunzlet, und glachet, und druckt. Und
er het telefoniert, x-mal, wie verruckt.

Für mich isch das aber kein gueti Basis. Das willi nid, drum
sofort – das lohn ich.

Han ihn drufabe au rasch no gschperrt. Das er mini Wält nid
no verzerrt.

Ich vergisse nie sis Bild usem Busch. Das isch vergäbe, s
Verspräche umesuscht.

En schwarze Maa, im afrikanische Chleid, het mi 6 Täg lang
inegleit.

D Botschaft isch - vertrau nid blind. Au wenn d Gfühl no so
schön jetz sind.

Ich has zwar gnosse, die schöni Ziit. Aber jetzt isches wieder
so wiit.

Ich luege im Internet Manne a. Will ich e richtigi Beziehig
wetti haa.

So goni und surfe uf dene Siite. Und hoffe, es bringi mich
dermol chli wiiter.

Ha freud am Träffe mit dene Manne. Und umes Date mues
ich nid blange.

So bini halt wieder solo, und frei als Frau. Und säge dem Af-
rikaner somit für immer Tschau.

27. 4. 2020

Hofladen

Ein herrlicher Tag ist wieder heute, und auf der Strasse treffe
ich viele Leute.

Sie fahren Rad oder machen Sport. Wir sind jetzt ein inter-
nationaler Ort.

So gehe ich nun heute Morgen, zum Hofladen um frische
Eier zu besorgen.

Ich schreite gemütlich, in diesem Sinn, bis ich darauf beim
Hofladen bin.

Ich komme an und schaue her. Hier ist ein Hot Spot – bitte
sehr.

Die Leute reden miteinander, vor dem Häuschen. Ja sie
quatschen und machen ein Päuschen.

Sie reden Englisch und auch Deutsch. Die sind wohl alle auf
der Leutsch!

Daneben steht ein kleiner Tisch. Er lädt dich ein, ja genau
mich.

Ich gehe hinein in das kleine Haus. Hier gibt es Kaffee und
manchen Schmaus.

10 Eier zähle ich ab, geschwind. Ich finde, dass die hier
günstig sind.

60 Rappen pro Stück, das ist wirklich toll. Warum ich im Laden mehr bezahlen soll?

Die Hühner der Bäuerin haben viel Platz. Gackern draussen
im Freien, und haben Spass.

So sollte es sein für jedes Tier. Oder was denkst du, wie wär
es bei dir?

Sie wollen gackern und Körner picken, und einander mal eines zwicken.

Sie sollten viel, viel Freilauf haben, und auch können schar-
ren und graben.

Sie schenken uns diese feinen Gaben. Dazu sollten wir
schon Sorge tragen.

Ein frisches Ei, das ist schon toll. Dass es einem auch
schmecken soll.

Aber es gibt noch andere Ware, und auf dem Tisch steht
eine Waage.

Kartoffeln und Äpfel liegen bereit. Es sind so viele, da gibt's
nie Streit.

Lebkuchenmischung, Milch und Most. Da kannst du wirklich sagen: Prost.

Ein Gewürz, Glace und Wurst. Jetzt habe ich allmählich
auch etwas Durst.

Ich nehme einen Kaffee, in Kapseln der Art. Da kommt ein
junger Mann, ganz ohne Bart.

Ich setze mich draussen mal an den Tisch. Schau in mein
Handy, und mach einen Wisch.

So geniess ich zügig diese Tasse. Darauf ich etwas Geld hin-
terlasse.

Nehme die Eier und gehe heim. Das mach ich wieder – so
soll es sein.

18. 4. 2020

Schlaflied

Du mein liebes, süsses Kind. Schlafe ein – sanft und geschwind.

Schliesse Deine Äuglein zu. Und komme für heute zu Deiner Ruh.

Horche nach innen auf Dein Sein. Und sei in Deinen Gedanken - rein.

Atme ein und atme aus. Ich mache jetzt das Lichtlein aus.

Sei beschützt und von Engeln umsorgt. Und Deine Träume tragen Dich fort.

Werde nun ruhig in Deinem Wesen. Es ist ein schöner Tag gewesen.

Du wirst Dich auf die Güte besinnen. Und Deinen Gedanken bald entrinnen.

Eintauchen in die stille, schwarze Welt. Und verlassen, was dich hier noch hält.

Es öffnet sich nun das Himmelszelt. Und offen steht dir die ganze Welt.

Durch alle Zeit und alle Tage. Auf dass du baust auf Gottes Gabe.

Bis morgen, mein liebes, süsses Kind. Schlafe ein nun, sanft und geschwind.

27. 4. 2020

Les escargots – Die Schnecken

Kennst du auch Geschichten mit Schnecken? Die kriechen
ja durch alle Hecken.

Und wenn du gesetzt hast frischen Salat, sind sie ja gar
schnell parat.

Fressen alles bis auf den Grund, mit dem du dich wolltest er-
nähren gesund.

So sammelten wir diese als Kinder ein, denn so was sollte
nun wirklich nicht sein.

Nahmen und warfen diese fort, auf die Wiese - einen anderen Ort.

Sie kamen aber ganz schnell wieder. Und das war meiner
Mutter zuwider.

Sie streute Gift aus für diese Tiere. Auf dass sie ganz rasch
ihr Leben verlieren.

Und so hatte sie den Garten im Griff. Es sah gut aus, bis auf
den letzten Schliff.

Mein Vater hingegen hatte Schnecken bestellt, und sie als
Vorspeise ausgewählt.

So kam eine Schale mit Schnecken darin. Was ich doch für
ein Gourmet bin!

Es dauerte lange an der Zeit, bis ich war dies zu essen bereit.

Nun ja, es war nicht mal wirklich übel. Ich musste mich halten, etwas am Zügel.

Die Sauce, die war aber wirklich Klasse. Mit Knoblauch und
Öl in der flachen Tasse.

Das Tierchen an sich war ziemlich schlicht. Aber vergessen
tu ich dies nicht.

Mein Vater war damals wirklich fein. Aber heute lass ich
diese Speise sein.

Meine Nachbarin stand einst in ihrem Garten – wo sie heute
Schnecken erwarten.

Mit einem Mädchen, witzig und klein. Sammelten sie also die
Schnecken ein

Und warfen diese mit Wonne, und voll im Schuss, in Nach-
bars Garten, mit vollem Genuss.

Mit dem Federballschläger zielten sie, und die Schnecken
flogen wie nie.

Surrend durch die Gegend hin, bis auf das Beet der Nachbarin.

Und aus Dänemark hörte ich sagen, sie kennen dort auch,
die Schneckenplagen.

Die Tiere werden aber sachte nummeriert. Und dann die Po-
pulation studiert.

So kriechen dort die Schnecken mit einer Nummer, und das
erstaunt dann jeden Sommer.

So kannst du sehen, welche du kennst. Und die Babys mit einer neuen Nummer benennst.

Einst sei gekrochen eine dieser Schnecken, volle vierhundert
lange Meter.

Bis zur Grossmutter in den Garten. Würdest du denn so etwas erwarten?

Jaja, die kleinen, schleimigen Dinger. Wer nimmt sie schon
gerne in die Finger?

Es ist eine Plage, manchen Orts. Man nehme sie, und werfe
sie fort.

Oder eben – mit Knoblauch und Butter, sehr fein. Schiebt
man sie in den Mund hinein.

22. 4. 2020

Einkaufsbummel

Man nimmt sich einen Wagen – was gibt es da zu sagen?

Es wird ein Einkauf riesengross. Was soll ich dazu sagen
bloss?

Es ist für eine Familie mit vier Köpfen. Da musst du kochen
mit grossen Töpfen.

Jeder will essen und werden satt. Aber das steht auf einem
anderen Blatt.

So nimmst du den Wagen und ziehst jetzt los. Ja, dieser Laden ist riesengross.

Zuerst kommen Backwaren und dann Brot. Dies nimmt
man immer, auch ohne Not.

Ich schaue und wende das eine Pack – ja, wenn es so viel
Auswahl hat.

Die Qual der Wahl – schon im ersten Regal.

Die Beschreibung wird geprüft. Und was es für einen Inhalt
führt.

Du bist zufrieden und nimmst es mit. Weiter geht's zum
nächsten Schritt.

Kuchen, Backwaren, Toast und Teig. Da steht gar vieles vor
dir bereit.

Aber Mandelgipfel sollen es sein. Die kommen nun auch in
den Wagen hinein.

Im nächsten Gestell gibt's Nudeln und Pizza. Ich entscheide,
nein, da gibt's nix da.

Hier die Gemüse und Früchte gehen. Da aber gar viele Leute
stehen.

Die Ware ist bestimmt sehr frisch und fein. So ist es toll, und
will es sein.

Schauen und wenden mit den Händen - die Ware ist fein -
als seie sie dein.

Eine Ananas, Äpfel und Bananen. Da stehen grad, zwei hübsche Damen.

Man umgeht einander da geschickt, auf dass jeder sein eigenes Ziel erblickt.

Und wenn du hast die Frucht im Sack, darauf du' s auf die
Waage packst.

Du wählst die Nummer, diese Zahl. Und so geht's auch,
beim nächsten Mal.

Zucchetti, Zwiebeln und feine Rüben. Die Pilze und Spar-
geln liegen drüben.

Alles kommt in einen Sack. Oder man wählt grad ein ganzes
Pack.

Salat und Zwiebeln kommen dazu. Und der Wagen füllt sich
im Nu.

Kaffeebohnen müsste ich noch haben. Aber die kauf ich in
einem anderen Laden.

Dafür hat es Tees in mancher Sorte. Da müsste man haben
dazu eine Torte.

So geht es zurück. Wieder ein ganzes Stück.

Schwedentorte, Schwarzwälder und vieles mehr, dass es einen gelüstet sehr.

Erdbeere auf Creme, auf einem Boden wird gewählt. Dass sich jetzt schon zur Rechnung zählt.

Aber es braucht noch Kohlenhydrate. Auf dass ich anstehe, und noch warte.

Es gibt Stocki, Nudeln, Spaghetti und Mais. Aber auch Bulgur, Cous Cous und Reis.

So manches Pack wird da eingepackt, damit es ja genug von allem hat.

Diese Produkte halten ja lange. Und werden produziert, für uns an der Stange.

Jetzt braucht s noch Zucker, Mehl und Hefe. Wenn man Wert auf den Sonntagszopf lege.

Frische Eier, Käse und Speck, das geht immer ganz schnell weg.

Das Abteil vom Fleisch ist richtig toll, da gibt es Auswahl, alles ist voll.

Etwas Schinken, Poulet und Wurst, noch ein Stück Kalbsfleisch und von der Brust.

Das wäre es dann schon gewesen? Nein - noch einen neuen Besen!

Eine Glühlampe kommt da noch hinein. Jetzt haben wir alles, jetzt können wir heim.

Das Zahlen ist simpel, einfach und schnell. Man schiebt seinen Wagen vors Kassengestell.

Hebt alles darauf, auf's Förderband. Das ist beliebt, im ganzen Land.

Die Frau an der Kasse. Ja die ist klasse.

Schiebt die Ware Stück, für Stück. Man schaut auf den gesamten Einkauf zurück.

Es ist alles da. Es gibt so viel. Und einkaufen war ja nun auch das Ziel.

Die Frau an der Kasse sagt dann zum Schluss, was es kostet - was du bezahlen musst.

148 Franken und 30 Rappen kostet's. Aber du hast noch nichts zum Prosten.

Du bezahlst die Rechnung mit der Karte geschwind, und packst dann ein, schnell wie der Wind.

Das Schwere unten, so ist s gut. Sonst das Feine zerdrücken tut.

Die drei Taschen sind sehr schnell voll. Jetzt hast du alles, und das ist toll.

Ab nach Hause, ins traute Heim. Aber vorher noch zu Kaffee und Wein.

Jetzt habe ich alles, so sollt es sein. Das war der Einkaufsbummel - Reim.

19. 4. 2020

Ha wiedermol es Kafi kauft, am Kiosk i de Stadt

Ha wiedermol es Kafi kauft, am Kiosk i de Stadt.

De Bund seit immerno de Lüt, chum bliibed jetze drinn.

Bi agluegt worde wie es Unghür, ha dänkt - sie dänkt - ich
spinn.

Ha wiedermol es Kafi kauft, am Kiosk i de Stadt.

Ha mitgnoo schnäll de Bächer jetzt, zum Gnüsse denn dihei.

Do hets mi tunkt, de edli Trunk, was söli nur elei!

Ha wiedermol es Kafi kauft, am Kiosk i de Stadt.

Mer findets halt de Puls vom Läbe, würklich cheibe glatt.

Aber mer setzed eusi Wält, und d Natur schach matt.

De schöni Bächer zvernichte, mer müssti druf verzichte.

Ha wiedermol es Kafi kauft, am Kiosk i de Stadt.

Ich wetten doch au bhalte, de Bächer isch so gross.

Und dänke jetz an Plastik, und sz Vernichte bloss?

Mer het ihn sogar gschtaltet, und zwar ganz famos.

Ihn umegee oder bhalte, das wär sis beschte Loos.

Ha wiedermol es Kafi kauft, am Kiosk i de Stadt.

Ich wünsch mer en Chreislauf, es ökologischs System.

Das wär mini Lösig, zu dem globale Problem.

Gschiir us feschtem Kunststoff, so dass es für lang so bliibt.

Und mer en wieder umebringt, und nid in Abfall flügt.

Ha wiedermol es Kafi kauft, am Kiosk i de Stadt.

Ich chönt aber au bliibe im Zimmer, für immer.

Und' s mache wie immer, denn würd's au nümm schlimmer.

Ich mach min Kafi sälber, und wäsche nochhär s Gschiir.

Oder chume uf Bsuech hüt am Obig, no aber e chli zu Dir.

Ha wiedermol es Kafi kauft, am Kiosk i de Stadt.

Mer müend eus überdänke, die grosse Froge länke. Und au a
die Nöchschte dänke.

Es got jo um Profit, und de Kafi isch de Hit!

Ich gnüssen würklich gärn. S Produkt sel lüchte wien en
Stärn.

Und gliichziitig mümmer - mer sind jo ned dümmer -

Alles draa setze - und d Wält nümme hetze.

Ha wiedermol es Kafi kauft, am Kiosk i de Stadt.

Ich zelle uf Dich, arm oder riich.

Mer settet's jetz begriffe, und' s jetzt nid wieder lo schliife.

Mer händs ide Hand! Und d Lösig isch es Pfand. Im ganze
Land.

Uf de ganze Wält. Mir händ jo Gält.

Mir settet's jetz mache, zum morn chönne lache.

Ha wiedermol es Kafi kauft, am Kiosk i de Stadt.

Ha wiedermol es Kafi kauft, am Kiosk i de Stadt.

2. 4. 2020

Meine Seele schreit nach Berührung

Meine Seele schreit nach Berührung, aber nicht nach erotischer Verführung.

Ich sehne mich, dich in den Arm zu nehmen, um dir von meiner Wärme zu geben.

Um zu bekommen für einen Moment, wo uns keine Distanz mehr trennt.

Um zu fühlen die Menschlichkeit. Dafür wär' ich schon längst bereit.

Um zu fühlen, dein Herz und deine Wärme. Ja dein Körper zu fühlen, hätt' ich gerne.

Es ist ein Zeichen von Menschlichkeit. Ja, dafür wär' ich wirklich bereit.

Dir zu zeigen, wie ich dich liebe. Und zu sagen: Wie ich jetzt fliege.

Ich gebe mich hin, und bin für dich. Und ich bezeuge, ich liebe dich.

Zu fühlen die Gemeinschaft, in diesen Stunden. Um uns zu fühlen, mit allem verbunden.

Zu pflegen unseren Gemeinschaftssinn. Und zu fühlen, dass ich bin.

Jeder will geliebt werden. Hier auf dieser Menschen Erde.

Ein Gespräch, ein Wort, das tut uns gut. Aber ob das reichen tut?

Es gibt zwar vieles zu besprechen, das ist mir klar. Und das ist auch wunderbar.

Aber dich auch zu sehen, und jedes Wort zu verstehen, und
dir in die Augen zu sehen…

Zu sehen deinen schönen Glanz. Das macht einen Menschen einfach ganz.

Zu fühlen deine Worte im Angesicht. Ist ein wahres und
grosses Licht.

Ein Antlitz schön und gross zu sehen. Und seinen eigenen
Worten Kraft zu geben.

Ich freu mich auf diesen Tag, wo ich dich umarmen mag.

Mit grosser Liebe und ganz viel Güte, auf dass sich öffnet
meine Blüte.

Dich zu halten in meinen Armen. Dafür möchte ich dir jetzt
schon danken.

Deine Nähe zu fühlen und zu sehen dein Gesicht. Das ist
mein Wunsch, ganz einfach und schlicht.

Auf bald mein liebes, liebes Herz. Ich lege jetzt den Sehn-
suchtsschmerz.

14. 4. 2020

Erwachen

Ein neuer Tag ist am Beginnen. Die Schläfrigkeit ist am Zerrinnen.

Ich möchte mich auf das Neue besinnen, und diesen Tag ganz gemütlich beginnen.

Klänge von Katie Melua erklingen, die mich in neue Höhen bringen.

Ich möchte schreiben, nichts erzwingen. Und wieder meine Texte bringen.

Es sind die Töne, die erklingen, und mich auf andere Gedanken bringen.

Ich möchte mich auf das Schöne besinnen. Melodie und Töne schwingen.

Einen frischen Kaffee will ich mir gönnen, und Katie Melua ist beseelt am Singen.

Ich öffne mein Herz, und meine Schwingen. Um meine Gedanken darzubringen.

Neue Höhepunkte sollen erklingen. Und ich mich auf die Gefühle besinnen.

Die beste Zeit ist am Zerrinnen, und ich kann wieder Texte vollbringen.

Gut, dass ich mich gerade besinne, und Frische und Kraft dir hiermit bringe.

21. 4. 2020

Alter und Tod

Wie ist es einmal im Alter! Wenn du nicht mehr fliegen
kannst, wie ein Zitronenfalter?

Alles geht langsam, gemächlich und schwer. Aber die Tage
sind niemals leer.

Sie kommen und holen dich aus dem Bett. Ja unsre Schwes-
tern sind wirklich nett.

Sie helfen und lenken, wo es bedarf. Manchmal gelinde und
oftmals auch stark.

Die Kleider, sie kommen, auch diesen Tag. Auch wenn ich
nicht mehr immer mag.

Wir essen gemeinsam ein Frühstück mit Brot. Kaffee und
Milch gibt's auch – es ist alles im Lot.

Sie helfen uns allen, wo es grad fehlt. Sie schauen und geben,
und der Krug, der hält.

Sie putzen, sie baden, sie hören dir zu. Und erledigen alles
geschickt und im Nu.

Sie nehmen sich Zeit, sind allzeit bereit. Und lindern auch
hie und da einen Streit.

Wir sitzen im Kaffee und reden von früher. Wir sitzen im
Zimmer und lesen noch Bücher.

Wir sitzen im Hofe, auf einer Bank. Und werden halt hin
und wieder, einmal krank.

Das Reden geht langsam, das Stehen fällt schwer. Und die
Gedanken sind auch nicht mehr sehr.

Man liebt den Moment, das Atmen, das Herz. Und kennt
seinen Leib, und auch den Schmerz.

Die Füsse, sie schwellen. Man hat auch so Dellen.

Und auf die Haut - man ganz genau schaut.

Wir werden betreut. Und viele freuts.

Die meisten kriegen es auch noch mit. Und wir planen
Schritt für Schritt.

Die Pflege ist oft auch ganz intim. Und ganz genau in diesem Sinn.

Sie schaut und pflegt den ganzen Tag. Ob sie will - oder nur
mag.

Mit Herz ist jede bei der Sache. Und in der Nacht hält jemand Wache.

Nicht immer, wenn ich etwas will - denn es ist nicht immer,
alles still.

Kommt die Pflege auch sofort. Und fragt danach, nach meinem Wort.

Und sie machen mir täglich das Bett. Und sind immer
furchtbar nett.

Die Menschen, sie lachen, wegen einfachen Sachen.

Singen gemeinsam ein altes Lied. Wir alle, wir leben und bil-
den ein Glied.

Von Jung, bis Alt, und in den Tod. Das gehört zu unserm
täglichen Brot.

Es wird viel gesprochen über die Gabe, dass man dich trägt
einst noch zu Grabe.

Der Tod hat sein eigen, auch schönes Gesicht. Aber das fällt
nicht immer ins Gewicht.

Man darf nicht mehr sterben, es ist nicht normal. Sie bringen
dich sofort noch ins Spital.

Wenn du das nicht willst, musst du das regeln zu guter Zeit.
Denn du weisst nie, wann ist es soweit.

Du solltest bestimmen in gütiger Pracht. Wie sie sollt werden, deine letzte Nacht.

Die Ärzte müssten wir auch erlösen. Denn sie sollten nicht
sein die Bösen.

Wir sollten eher tun und auch mal lassen. Und den Tod
nicht so sehr hassen.

Sollten ihn begrüssen, wenn es gibt da keinen Sinn. Und das
ist ja gar nicht so schlimm.

Ich hoffe du verstehst mich recht. Das Leben ist schöner,
und gar nicht schlecht.

Bleiben sie jetzt aber nicht nur still. Das wäre falsch, und
nicht das Ziel.

Schaffe vor und rede drüber. Wenn du noch jung bist, und
noch am üben.

Sie soll schön werden, die Zeit bei der Quelle. Und wir sollten es geniessen, an dieser Stelle.

Aber macht jeder Eingriff Sinn? Oder sind wir überlebens-
blind?

Wo setzen wir an, den grossen Hebel? Und wo beginnt der
dicke Nebel?

Das soll ja sein unser eigen Recht. Um nicht zu dienen wie
ein Knecht.

Redet und bestimmt, denn wir sind hier oftmals blind.

Denn die Zeit geht plötzlich rum. Und dann ist es einfach
furchtbar dumm.

Tragt diese Blätter, oder besser noch Karten. Denn dann
müsst ihr nicht plötzlich noch lange warten.

Wir wollen alt sein, und geniessen das Leben. Und dies in
jungen Jahren auch weitergeben.

Wir wollen umarmen unsere Kinder, denn die Liebe wird
niemals minder.

Das Leben geht weiter, seinen eigenen Weg. Bis zum letzten
Booten - Steg.

Je mehr wir jetzt wissen, aus diesen Tagen. Was unsere Ärzte
alles für uns nur wagen!

Wir sollten aber die Schwelle jetzt nehmen. Und uns nicht
mehr, vor dem Tode schämen.

Eine menschliche Würde ist in jedem Sinn, genauso, wie ich
ein Menschlein bin.

Geniesst jeden Tag, heut, bis in die Nacht! Und irgendwann
hast du dein Werk vollbracht.

Ich danke dir sehr, für deine Zeit. Und mache dich bitte
auch für Notfälle bereit.

6. 4. 2020

Die Heiligkeit des Lebens und Sterbens

Bist du einmal schon gestorben?

Es ist ein Geheimnis – es bleibt uns verborgen.

Wenige berichten davon auf dieser Erde.

Wie das hier geht, wenn man nun sterbe.

Es ist ein Geheimnis, riesengross.

Wie wir kehren zurück, in Gottes Schoss?

Niemand kann sagen: So wird es sein,

wie wir kommen in den Himmel hinein.

Viele berichten von Licht am Ende.

So werden sein die Gottes Hände.

Freunde und Ahnen erwarten Dich.

Aber niemand erinnert sich.

Es soll schön sein, auf der geistigen Seite.

Und dass man die Erbschaft gut vorbereite.

Bestimmt wird kommen einst der Tag,

wo man als Menschlein nicht mehr mag.

Man kehrt in die geistige Welt zurück.

Das tönt gar wie ein heiliges Glück.

Man lässt seine Freunde und Verwandten ziehen.

Und muss dann auch vor nichts mehr fliehen.

Man macht es gleich wie Gottes Sohn,

und bekommt einen himmlischen Thron.

Engel sind da, und begleiten dich.

Und ich werde besinnen mich.

So wird es enden, irgendwann, dein Leben.

Und wir bis dann, unser Bestes geben.

Wir lachen, reden, leiden und sind entzückt.

Und manchmal spielt das Leben verrückt.

Ja die Gemeinschaft hält uns zusammen.

Bis wir einst ziehen, und gehen von dannen.

Unsere Seele löst sich dann sanft.

Oder sie hat noch einen Kampf.

Bis sie mag verlassen, das Diesseits, diese Welt.

Und sie dann gelassen, nicht mehr am Körper hält.

Sie sich verwandelt, in ein paar Tagen.

Und wir werden erlöst, von den irdischen Plagen.

Im Diesseits besuchen wir unsere Verstorbenen noch mal.

Und nehmen Abschied fürs letzte Mal.

Ihr Antlitz ist meist erlöst und zufrieden,

wenn sie sind eingekehrt, im Himmel drüben.

Der Atem hält sie nicht mehr länger am Leben.

Und wir ihnen noch Blumen geben.

Zur Erinnerung an gemeinsame Stunden.

Wo wir waren eins, und im Körper verbunden.

Manchmal erscheinen sie im Diesseits als Geist.

Dann sind sie schon hinüber gereist.

In ihrem göttlichen Antlitz, und voller Pracht.

Wer hat sich so ein Wunder nur gedacht.

Die einen sehen diese geistige Welt.

Und sehen, was uns zusammenhält.

Sie können als Sprachrohr dienen zwischen beiden.

Denn manchmal die Hiergebliebenen leiden.

So kann geschafft werden ein Kontakt,

damit der Verlassene es besser packt.

Bis jeder kennt das ewige Leben

werden noch viele Tage vergehen.

Der Tod bleibt ein grosses Mysterium.

Deshalb schreibe ich das hier nun.

Es ist etwas Unbeschreibliches, diese Art.

Und man ist erst am Ende parat.

So ist mir das Leben so gewahr,

etwas Heiliges und wunderbar.

Ich werde mich freuen, auf die letzte Reise.

und dabei das Leben und Sterben preise.

Auch wenn wir heute nicht alles verstehen.

Es mögen noch viele Wunder geschehen.

20. 4. 2020

Was ist Trauer

Die Trauer ist etwas zu verlieren, was man fühlt, es gehöre
zu einem.

Das zu ergründen und zu beschreiben, möchte ich tun, in
diesen Reimen.

Wenn jemand verlässt diese Menschenerde, und manche
Jahre hat verbracht.

Nun war es aber an der Zeit zu sterben, alles plötzlich anders macht.

Gewohnheiten werden auf den Kopf gestellt, die Gedanken
gehen neue Wege.

Beziehungen werden neu aufgestellt, und dies bedarf der
Pflege.

Es ist die Gewohnheit, die das Leben macht. So erscheint
uns dies.

Wenn aber plötzlich jemand nicht mehr wacht, dann geht's
uns ziemlich mies.

Die Anwesenheit dieser einen Person: Sie nahm sich Zeit zu
hören.

Auch wenn dies nur am Telefon, wirst du bald neu geboren.

Denn die Trauer verwandelt den Menschen. Es bereitet dir
einen Schmerz.

Alles ist anders wenn du dich trennst. Und du fühlst es mit
deinem Herz.

Es geht um Wachstum, egal, in welcher Zeit.

Da kommst du nicht darum herum, zu fühlen dich bereit.

Solange du suchst im Aussen noch - und da gibt es vieles -

wird es dich immer schmerzen noch. Bald gibt es neue Ziele.

Die Trauer ist ein Verwandler deiner so kostbaren Zeit.

Und macht dich so durchlässig, dass dies dich ganz befreit.

Bist du wieder zum Leben bereit, zu einem neuen Sein?

Aber wenn die Person abreist eines schönen Tages, ist das
schrecklich, ein Verlust.

Wird das dich länger plagen, dann wird's dir langsam bewusst.

So klagst du über das Verlorene und trennst dich von der
Gewohnheit.

Auf dass du neu geboren wirst. Und das bedarf der Zeit.

Du trauerst und bist sehr betrübt, du vermisst jetzt deine
Frau.

Aber wenn du hast neu eingeübt, vermisst du nicht das
Tschau.

Wirst du finden neue Wege - und das ist ja das Ziel.

Und deine Trauer überwinden, das bringt dir nämlich viel.

So geht der Kreislauf, Tag für Tag. Bis wir erlöst sind von
der Zeit.

Und wir erfahren keine Plag, und sind zu Neuem bereit.

Diese Verwandlung ist eine grosse Sache, und sie bringt dich
weiter.

Und es jeder anders machet, bis zur Himmelsleiter.

23. 4. 2020

Der goldene Osterhase

Es steht ein kleiner, goldener Hase. Mit einer rosa, zarten
Nase.

Auf dem Tisch in meinem Zimmer. Das garantier ich dir -
für immer.

Es kommt Besuch zu mir, noch heute. Und es sind ja ganz
liebe Leute.

Wir trinken Kaffee und sind zu dritt. Da kommen die Kinder – flink und fit.

Eine Pistole haben Sie gefunden. Eine mit Saugnäpfen, für
junge Kunden.

Sie zielen aber auf ihre gute Mutter, die ihnen gibt ihr tägli-
ches Futter.

Und ihr gefällt das schlichtweg nicht, denn man zielt nicht
auf's Gesicht.

Sie schimpft und zetert mit den beiden, damit es ihnen bald
verleidet.

Ich sage dann - zielt auf den Hasen, das goldig sanfte Stück.

Und hab damit bei ihnen auch schon etwas Glück.

Es wird gezielt und auch getroffen und somit ist dieses Spiel
verdrossen.

Was sollen wir tun, die Eltern sind fort. Was wollen wir tun
an diesem Ort?

So sage ich, nehmt den goldenen Hasen und nehmt euch
selbst an den eigenen Nasen.

Versteckt ihn in der Wohnung gross, und wir suchen den Hasen bloss.

Das Spiel war klar und abgemacht, und schon bald der eine lacht.

Nein, hier nicht! Da ist er nicht! Und wir suchen, bis es sticht.

Nirgends hervor scheint das goldene Ohr vom Hasen. Bis wir das Suchen fast abblasen.

Aber mit einem gezielten Tipp, wir finden ihn und sind jetzt hip.

Es macht Spass und wir drehen noch drei Runden. Die Kinder könnten spielen, dies gar viele Stunden.

So hat der goldene Osterhase, mit seiner feinen, zarten Nase.

Dieses Jahr einen etwas anderen Sinn. Ach, wie ich doch jetzt glücklich bin.

18. 4. 2020

Liebe ist...

Liebe ist geben

Liebe ist hegen

Liebe ist pflegen

Liebe ist sehen

Liebe ist gehen

Liebe ist stehen

Liebe ist schauen

Liebe ist vertrauen

Liebe ist aufbauen

Liebe ist erkunden

Liebe ist erkennen

Liebe ist erklimmen

Liebe ist versüssen

Liebe ist müssen

Liebe ist küssen

Liebe ist schenken

Liebe ist denken

Liebe ist lenken

Liebe ist kennen

Liebe ist hemmen

Liebe ist stemmen

Liebe ist versöhnen

Liebe ist verwöhnen

Liebe ist krönen

18. 4.2020

Liebe ist versöhnen

Die Vulva

Die Vulva ist bald in aller Munde, und ich so mache mich
nun Kunde.

Das Schweizer Fernsehen hat einen Bericht gebracht, und
ich habe zuerst beschämt gelacht.

Aber oh Wunder, es fasziniert. Das habe ich jetzt ganz
schnell kapiert.

Es hat etwas Schönes, Sinnliches, Feines. Etwas Wulstiges,
aber auch Reines.

Es scheint geschützt, zärtlich und enorm. Sie ist wirklich besonders, diese Form.

Noch nie habe ich das so lange betrachtet, und auch noch
nie wirklich so beachtet.

Es gibt schöne Bilder im Internet: Zeichnungen, Kunst und
Schnitzereien im Brett.

Sagenhaft zierlich, mit Faszination. Und jetzt berührt es die
ganze Nation.

Es scheint eine Tür, in eine andere Welt. Wieso man aber so
wenig davon hält?

Die Griechen, die Römer haben den Phallus verehrt. Und
jetzt ist es halt mal umgekehrt.

Die Frauen trauen sich nun zu zeigen, um zu geniessen von
den beiden.

Aber es ist wahrlich eine Revolution. Daraus kommen Kinder - Tochter und Sohn.

Etwas Mystisches, Magisches und unbeschreiblich Schönes.
Man kann sich damit auch toll verwöhnen.

Oder beim Beischlaft mit einem Mann, man damit so viel
gewinnen kann.

Energie strömt ein mit dem Atemzug, und füllt einen auf wie
einen Krug.

Wenn der Höhepunkt kommt, ist das unglaublich toll. Auf
dass man es wirklich geniessen soll.

Aber die Vulva soll nicht nur Sex bedeuten. Sonst ist sie ge-
wöhnlich, und von redlichen Leuten.

Es ist sehr schön, verwöhnt zu werden, und bis zum Tode
geliebt zu werden.

Und die Menschheit soll ja nicht sterben, sondern immer
wieder aufs Neue werden.

So soll die Vulva in diesem Sinne, sein etwas Heiliges, schön
und rein.

Nicht mit Schuld und Scham behaftet, sondern etwas erhaben und beachtet.

Es ist ein Kraftzentrum der lieben Frauen die Basis des Le-
bens und des Vertrauens.

Der Boden der menschlichen Energie. Es gibt dir Kraft und
Power wie nie.

So will ich achten und betrachten meinen Körper, so fest,
dass da nicht reichen meine Wörter.

Es berührt mich tief, dies alles zu schreiben, und dabei ganz
und gar Frau zu bleiben.

So sinnlich und sagenhaft, schön sind die Bilder. Und sind
die Türen für unsere Kinder.

Einzutreten in diese Welt. Was uns dann in Atem hält.

Und uns berührt, ganz tief im Herzen, und manchmal uns
beschenkt mit Schmerzen.

Und das alles macht so viel von Sinn, dass ich gerne eine
Frau hier bin.

22. 4. 2020

Geburtstag von Sun

Oh mein lieber guter Freund. Du wirst heute von mir verwöhnt.

Wie mich diese Nachricht freut. Du wirst ein Jährchen älter heut.

Ich gratuliere somit herzlich dir! Und sende dir viele Küsse von mir.

Eine Geburtstagstorte ist angesagt. Machst du schon mal die Teller parat?

Und du bekommst einen Strauss roter Rosen. Ich werde noch bügeln meine Hosen.

Zu dir kommen für dieses Fest. Und dich besuchen, in deinem Nest.

Auf dass wir dann einen Kaffee trinken. Ich schenke Dir noch ein Paar neue Finken.

Viel Wohlstand und Gesundheit wünsch ich dir. Und nur das Beste kommt von mir.

Geniesse deinen Tag, den Grossen. Und wir werden noch anstossen.

Mit einem feinen, süssen Wein. Auf ein Jahr - nun älter zu sein.

Sei umarmt mein lieber Freund. Und dass du dir noch etwas gönnst.

Wohl bedacht, ein feines Znacht. Was hast du dir denn ausgedacht?

So sende ich dir ganz liebe Grüsse. Und werde massieren dir
deine Füsse.

Für dein tolles Geburtstagsgeschenk. Und heute, ich besonders an dich denk.

Ein gutes, tolles neues Jahr. Ich grüsse Dich herzlich, ja
wunderbar.

Viele gute Taten und schöne Stunden. So möchte ich das
Gedicht abrunden.

Einen dicken, festen, letzten Kuss. Und einen wahren Herzensgruss.

3. 5. 2020

Eine wundervolle Stimme

Eine Stimme voller Klarheit. Ja mit einer sinnlichen Vollkommenheit.

Klänge des Himmels wollen es sein. Von einer Seele, still und rein.

Es dürstet mich nach diesem Sinn. Dass dieser Ton mir jetzt erklingt.

Reif und erhaben, eine Melodie. Stark und fein – ja wie noch nie.

Eine Musik, die mich berührt. Eine Stimme, die mich führt.

In die höheren Sphären dieser Welt. Dass jede Zelle innehält.

Ein sanftes, langes, ruhiges Schwingen. Dass all diese Töne, mögen klingen.

Ein wahnsinns Durst ist in mir drin. Dies zu erleben - wie ich bin.

Die schönen, hellen, und klaren Töne. Auf dass sie schwingen und mein grosses Herz verwöhnen.

Mit allen Sinnen dieser Tage. Und ich von mehr zu träumen wage.

Von einem Zustand fern von hier. Eine Güte, fern von mir.

Von unglaublich hellen, reinen Klängen. Die mich rühren - gar bis zu Tränen.

Mein Herz ist offen und gewahr. Solches Erleben ist wunderbar.

Hier auf dieser Menschen Erde. Wo das Schönste mir begegnen werde.

Wir schwingen mit, mit jedem Ton. Gibt es einen schöneren Thron.

Als zu öffnen, jetzt mein Herz. Und zu verschmelzen, ohne Schmerz.

Ein Hauch von Würde, diese Gabe. Denn ich mich völlig, darin labe.

Und geniesse jeden Ton des Liedes. Und niemals genug von diesem kriege.

So ist es ein grosses und edles Geschenk. Dass ich nur noch an diese Stimme denk.

Und an die Klänge von nah und fern. So was habe ich besonders gern.

Und so klingt diese schöne Melodie. Das vergesse ich sicher nie.

In meinem Herzen immer fort. Und begleitet mich, an jeden Ort.

Und hin und wieder denke ich dran. Was ein Mensch doch alles kann.

Zu verzücken uns, mit seiner Gabe. Dass ich mich wieder mutig wage.

Ein Segen, ja ein vollkommenes Glück. Ich möchte hören, noch ein Stück.

Zu verweilen in den Herzenstönen. Um meine Seele zu verwöhnen.

Ich liebe den Rhythmus und den Takt. Das auch dieses Tiefe hat.

Zu schwingen und gar einmal zu geleiten. Und mich auf
schöneres vorzubereiten.

So bin ich wahrlich angetan. Das hat mir wirklich gutgetan.

Auf bald ein neues Lied erklingt. Und mich in höhere Sphäre
schwingt.

Und mein Herzen ist dann so froh. So soll es sein. Ja immer
so.

15. 4. 2020

Das Ausflugsziel

Ich möchte wieder mal auf dem Gubel stehen.

Und mit meiner Freundin wandern gehen.

An der Reuss entlang spazieren.

Und den Flusslauf noch studieren.

Ich möchte sein, der Welt, ganz nah.

Ja, solche Wünsche sind jetzt da.

Die Shil bewundern, und erkunden.

Und einfach an der Sonne schlummern.

Etwas die Füsse auszustrecken.

Und die Lebensgeister neu erwecken.

Verweilen schlicht in der Natur.

Und erleben, alles und pur.

Auf den Raten einen Ausflug machen.

Und der Sonne entgegenlachen.

In Cham die Villette einmal besuchen.

Und eine Runde Minigolf noch buchen.

Schlendern am Ufer des Ägerisees.

Und im Birkenwäldli trinken einen Tee.

Die Badi in Unterägeri einmal besuchen.

Und eine Freundin dann anrufen.

Den Schiffshafen in Zug einmal begehen.

Und die tolle Aussicht sehen.

Einmal auf die Rigi reisen.

Und das Land von oben preisen.

Mit dem Dampfschiff auf den Vierwaldstättersee.

Und in Goldau beobachten, Hirsch und Reh.

Grillieren mit Freunden, im Brüggli, in Zug.

Und geniessen einen Alpenrundflug.

Mit dem Heissluftballon am frühen Morgen starten.

Und auf gute Winde warten.

Schwimmen im Lättich, dem Freiluftbad.

Dafür wäre ich schon lange parat.

Die Sonne geniessen, immer fort.

Und besuchen jeden Ort.

Die Schönheit und mit Lebensmut.

Auszufliegen, das tut uns gut.

Wo möchtest du hin?

Was wäre dein Ziel?

Schreibe es mir!

Und sag es zu dir.

23. 4. 2020

CORONA

Corona 1

Was gibt es zu tun? Ich könnte doch ein bisschen ruhen.

Ich könnte dir was sagen, und von meinen Schmerzen klagen.

Aber macht das einen Sinn? Denn ich bin.

Ich kann dich jetzt nicht sehen. Wir dürfen keine Fehler begehen.

Bleiben auf Distanz in allem. Ich muss mich jetzt ans Handy krallen.

Das macht aber auch nicht weiter Sinn. Denn ich bin.

Wie geht's jetzt denn weiter? Mein Arzt war stets Begleiter.

So ist es in diesen Tagen - von den Coronaplagen.

Wie soll ich das jetzt sagen. Ich muss wohl jetzt am Kaffee nagen.

Aber ganz so schlimm ist es nicht. Es bedeutet nur: Verzicht.

Auf Freiheit, Kaffee, Schnaps und Freunde. Ich will klettern auf starke Bäume.

Frei sein und wählen, wo will ich hin? Jetzt aber heisst es: wir bleiben drin.

Ich streue Freude und menschliche Gunst, und widme mich weiterhin der schönen Kunst.

Auch in dieser einsamen und komischen Stund.

Auf dass wir auf einander zählen, und öfters mal die Telefonnummer wählen.

Es möge gelingen in dieser Zeit. Wir sind doch jetzt alle stets bereit.

Einander zu helfen und zu wagen, für Glück und Wohlfahrt in diesen Tagen.

Es sei natürlich auch an dich gedacht. Schau, schon wieder, die Sonne lacht.

Wir werden uns sehen, auch wenn viele Tage noch vergehen.

Ich freue mich schon auf den Moment - obwohl, sich jetzt plötzlich jeder kennt.

Dich zu treffen und in deinen Armen zu liegen. Davon werden wir lange nicht genug kriegen.

Ich hoffe, dass wir bald schon den Impfstoff kriegen. Und wieder durch die Lüfte fliegen.

So gehe ich von Stund zu Stund. Und höre natürlich auf den Bund.

Er führt und beschützt uns in der Plage. Und führt uns bald wieder in bessere Tage.

So gebe und krieg, helfe oder gib. Du bekommst und hilfst, gibst und biegst.

Auf dass die Klagen und Gebete, an die sich richten auf dem Sterbebette.

Sie mögen ruhen in Frieden für immer, auch wenn sie alleine sind, in ihrem Zimmer.

Ein Loblied derer, die draussen schuften, und hemmen die gewaltigen Menschenkluften.

Was denkst du, was wäre – nur eine Leere?

So danke ich jetzt für all diese Gaben, für all diese Menschen, die all dies mir gaben.

Für all diese Kraft in dieser Stund. Ihr lieben Menschen,
bleibet gesund.

27. 3. 2020

Corona 2

Ich bin daheim – am sein.

Musik entzückt mein Herz. Heut ist der letzte März.

Wie lange dauert diese Plage – länger werden diese Tage.

Andern Orts ist man in Not, und kämpft zuhauf um's täglich
Brot.

Krank sind viele, ich wage es nicht. Es könnte treffen mein
eigen Gesicht.

So bleiben wir drinnen und erfinden uns neu. Leben wie
Spinnen, und bleiben uns treu.

Die Pläne der Busse sind umgestellt. Obwohl das nicht jedem ganz so gefällt.

Die Kunde der Kranken, die Ihrem Gott danken, für Jede
Stund. Ich hoffe, es werden viele wieder gesund.

Ein Grauen in Spanien, Italien, wie nie. Es zwingt diese Staa-
ten vollumfänglich ins Knie.

New York ist betroffen. Die Menschen, sie hoffen.

Anderen Orts sagt man: ich gehe - ich flieh. Aber wo hin nur
wollen sie?

Was tun nur - in diesen Tagen. Von den unmöglichen
Corona Plagen.

Das finde ich grad gar nicht nett. Und man sollt sich überle-
gen was vor dem Sterbebett!

Will ich Beatmung oder auch nicht. Wird diese Frage zur
Bürgerpflicht?

So sind wir doch alle in Tagen wie diesen. Die Weltwirt-
schaft boomt nicht – wir sind in der Krise.

Dennoch. Wir lassen uns nicht unterkriegen. Lachen und
scherzen zum Glück auch schon wieder.

Hoffnung schimmert am Himmelszelt. Dieser Virus um-
spannt jetzt die ganze Welt.

Es geht aber weiter – bleibet nur heiter.

Es braucht deine Kraft. Die neues erschafft.

Doch der Tod ist mitten unter uns. In dieser gefürchigen
und beängstigenden Stund.

Die Klagen sind ruhig und individuell. Die Welt ist ent-
schleunigt, und nicht mehr so schnell.

Weit und gross ist unser Himmelszelt. Eine Impfung schon
bald rettet unsere Welt?

Die Hoffnung bestimmt. Und jeder erklimmt. Auf seine eigene Weise, die Erdenreise.

Sei gegrüsst, du liebes Menschenkind. Sei weise und klug,
und nicht nur geschwind.

Die Zeit wird zu unserem täglichen Brot. Wir geniessen dies
heute, in dieser abnormen Not.

So möchte ich dir sagen, trotz all dieser Plagen:

Wir werden es wieder wagen. Und bald weiterhin tragen.

Seid froh und glücklich. Gute Zeiten nähern sich wirklich.

Corona 3

Es isch hüt ein Sunntig, was söl i nur tue.

Eigentlich wetti nur jetz mini Rue.

Aber s isch müssig, nur eso dinne.

Chum mer fascht vor, wien e chlini Spinne.

Ich lose no Musig, vom färne Oriänt.

Kläng über 1000i Wundermömänt.

D Sunne schiint uf min Stubetisch.

Do, wo ich diheime bi.

Ich wett chli veruse, an See, ufs grüene Graas.

Das macht am Sunntig so richtig Spass.

D Sunne go gnüsse, dusse i dem Park.

Das tuet minre Seel guet, und macht mich so stark.

Ich müssti no packe, en grosse Sack.

Denn wird s erscht müssig, ufem Sunneplatz.

Es Buech wett i mitneh, abe an See.

Aber nur weles, ich glaub ich nimm zwee.

Es Wasser, S Handy und e Frucht.

Das willi mitneh, abe ad Bucht.

Es Tüechli und mis neue Bikini.

Ich wetti jo usgsee, wie en hübschi Gini.

Ich möchte nid elei sii, dune am See.

Ich möchte i so gärn, au öpper gsee.

Seli öppertem schriibe, no hüt für es Träffe?

Oder isch das z churzfrischtig, und drum grad z vergässe?

Ich iss emol Zmittag, ich bin no dihei.

Nur immerno, und das stört mi, halt elei.

D Tortellini sind fein gsii, ich liebe das sehr.

En Freud die Teigware, und s liit nid eso schwer.

Ich schriibe jetz wiiter, a mim Gedicht.

Und mini Bedürfnis, sind im Momänt zimmli schlicht.

Wieder go pfuuse, wieder is Bett.

Das isches, was ich eigentlich wett.

De Moscato und die färne Kläng.

Ich stelles Programm um, und dänke es läng.

De Tabak schmöckt herrlich, ich wett no chli mee.

Aber halt gärn au no öppert gsee.

Ich schlüfe tatsächlich nomol is Bett.

Ich weiss eifach nid würklich, was ich no wett.

D Stimm vonre Frau klingt zu mir durs Fäischter.

Mis Härz macht en Sprung und isch voll uf und begeischte-
ret.

Am Färnseh diskutieret's übers Verhalte vo de Schwiiz.

I dere strube Coronaziit.

In Schwede siget's mündiger und ibezoge.

Us Paris händs mit em Militär die Chranke usgfloge.

Japan isch au betroffe, ungünschtig i de Ziit.

D Kirschblüetebäum duftet dete, und sie schmöcket jetz
wiit.

D Gränze am Boodesee sind so dick, jo zwee Meter.

Aber de Schatz dur die Gitter, jo gäll, de gseetmer.

Ich mus jetz use! Sofort grad jetz.

Mag nümm umeligge, diheime im Bett.

Nimm de Güselsack mit, und laufe zur Tür.

Für mis Diheisii, hani nütme vöör.

Es isch summerlich warm duss, ich stune jo grad.

Obschon, es isch jetze scho riichlich schpaat.

Lauf ufe ufs Trottoir, und stelle die Seck.

Obe ufs Mürli, wie mers gärn hett.

Es Pintscherli bällt mi voll grad a dete.

Ohni en Abstand, vo dene zwee gäbige Meter.

Ich mus lache ab dem chliine, und luute Gschöpf.

D Hndepsitzer grüessed und schüttlet nur d Chöpf.

En härzige Ablick, de Vater mit Sohn.

Ich gnüsse die Bede, das isch jetz min Lohn.

Die Junge sitzed vore, im Park uf de Bänk.

Sie schwätzed flissig, und ich halt, ich dänk.

Ich chönt e chli sitze, do, am See.

Wi bald scho tuet mir min Rugge ächt weh?

Aber ich go no chli wiiters, hüt a dem Tag.

Grad eso wiit, bisi nümme so mag.

De Usblick isch herrlich, i jedem Momänt.

D Farbe ganz fiin, wie mers gärn kännt.

Und glich isch es eimalig und wunderschön.

Die fiine, zarte, Rosatöön.

Ich bi wieder dinne jetzt, i mim dihei.

Aber leider no immer, und würklich elei.

Schrieb minere Fründin, vilicht het sie Ziit.

Aber für morn, und das isch no so wiit.

Lovescout sells richte, und Singles vilicht.

Ich lueg grad emol. Vilicht hani jo Pricht.

Jetz losi Musig, spanischi Kläng.

Und ds Bärn seit mer: ume, und mängisch au gäng.

Ich chatte chli wiiter, vilicht gits en Maa.

Das wetti scho lang, vilicht bisst eine a.

Vilicht hüt obig, mer weises nie.

Es seit eine plötzlich, jo säbi - die.

Wenns gägesiitig wür passe, ich hoffe das sehr.

Denn würd min Tropfe, falle is Meer.

Drum sägi jetz tschüss, oder au, bis bald.

Und lueg nochli ume, im Märliwald.

5. 4. 2020

Pik

Ich glaube, wir sind durch, wir haben den Pik geknackt.

Ach wie ich mich freu! Wir haben's gepackt.

Nachrichten kommen, von der ganzen Welt. Masken sind
gefragt, mehr als Geld.

Das Leben beschützen ist unser Ziel. Und die Mediziner tun
wirklich viel.

Noch mehr. Sie zogen von Grund weg auf. Viele Zusatzspi-
täler, und Betten, zu Hauf.

Und das war nötig! Das ist gewiss. Viele schwitzen und ren-
nen, und alles mit Biss.

12 Stundentage sind angesetzt. Und Sie kümmern sich, bis
zuletzt.

Zu fünft stehen sie, voll professionell. Denn es muss laufen,
und zwar ziemlich schnell.

Es ist krass, was die machen! Mit all den hochsensiblen Sachen.

Extern durchlüften sie das Blut. Und bei 2/3 kommt das
auch gut.

Die Atmung läuft mit einem Schlauch. Und sie liegen oft auf
dem Bauch.

Es ist Wahnsinn, dies zu sehen. Und die Medizin hier zu verstehen.

Ich find's schon gut, dass es das gibt. Und dass das auch jeder von uns kriegt!

Ich weiss es nicht, ob das normal ist. Wenn man dann, mal
im Spital ist.

Möchte nicht der eine einfach gehen. Ohne zu sagen – auf
Wiedersehen?

Ich stell diese Frage, und es ist mir bewusst. Wenn Leute
sterben, ist das ein Verlust.

Aber ich kenne den Tod als natürliche Gnade. Und möchte
nicht missen, um diese Gabe.

Niemand weiss, das ist gewiss. Wie einmal die letzte Stunde
ist.

Ob Fieber, ein Tumor, der Krebs oder ein Unfall. Vielleicht
ist es aber auch nur ein Zufall.

Ich finde es ist doch eine Gunst, bewusst zu erleben die
letzte Stund.

Tragen hinüber, in das Gut. Auch wenn man mal verzichten
tut.

Ein menschlicher Beistand mit Ethik und Pflicht. Natürlich
im Einklang mit unsrem Gericht.

Es muss möglich sein in dieser Welt. Wo's oft nur geht, um
Leben und Geld.

Wir müssen begreifen, dass auch der Tod. Zu uns gehört,
wies täglich Brot.

Ich hoffe jetzt sehr, denn das Thema ist schwer. Dass niemand sagt, ja bitte sehr.

Wir müssen uns wandeln in unserer Sicht. Und nicht drauf
beharren, wie eine Pflicht.

Wir müssen jetzt wagen, in diesen Tagen.

Zu reden ganz offen. Denn viele sind gar jetzt betroffen.

Der Himmel beginnt auf Erden schon. Und alle lehren die
Geschichten, vom Menschensohn.

Wir kommen ins Licht, in eine geistige Welt. Auch wenn
nicht jeder viel davon hält.

Ich sah meinen Vater nach seinem Tode. Und das ist jetzt
eine kleine Anekdote.

Er kam vorbei, bei mir im Zimmer. Und nahm so Abschied
bei mir, für immer.

Ich sah in stehen in all seiner Pracht. Ach, hätte ich nur früher an so was gedacht.

Niemand will sterben aus freier Wahl. Aber wir sollten uns
schützen, vor der Qual.

Und das ist Bewusstsein, im Sinne von Leben. Um sich alles
auf Erden zu vergeben.

Eine Frau kann das sein, oder ein Mann. Der das Leben bewahren kann.

https://www.fmh.ch/dienstleistungen/recht/patientenver-
fuegung.cfm#i112596

Sei dir gewiss, was du hier wählst. Und auch deinen Freunden davon erzählst.

Ich wünsche dir Glück und ein herrliches Leben. Es soll
noch viele Tage für dich geben.

Und bleibe mir da und möglichst gesund. Bis zu unserer
letzten Stund.

7. 4. 2020

Die Wende

Die Tage scheinen wieder ganz normal. Wenige müssen
noch ins Spital.

Von daher ist es gut verlaufen. Ein Problem ist nur in der
Stadt das Kaufen.

Die Post begrenzt die Paketanzahl. Das erleb ich zum ersten
Mal.

Viele bestellen online in diesen Tagen. In der Zeit der
Corona Plagen.

Du kannst nur Essen kaufen in der Stadt. Deshalb schaut jeder, was es online hat.

Ob dieses Gesetz Sinn macht in der Not? Denn für viele
wäre es das tägliche Brot.

Aber klar schon, wir bleiben zu Hause. Und machen mal
eine kurze Pause.

Bücher, Steckdosen und auch Spiele. Zu erwähnen gäbe es
da noch vieles.

Musst du kaufen im Internet. Da kannst du alles haben —
vom Geschirr bis zum Bett.

Bei buch. ch gibt's Paketkontingente. Du kannst aber dir
kaufen, eine WC Ente.

Ich will ja auch nicht klagen. So ist es halt in diesen Tagen.

Ein Problem gibt's bei den Coiffeusen, und auch bei selb-
ständigen Masseuren.

Wer selbständig ist mit kleinem Betrieb. Bekommt es arg zu
spüren, das ist nicht lieb.

Der Bund bezahlt nichts für diese Sparten. Sie werden vertröstet und müssen noch warten.

Ja, es wird viele Verlierer geben. Und nicht jeder wird's überleben.

Ich hoffe nur, dass es ruhig bleibt. Denn ich befürchte einen Streit.

Die SBB schenkt ihren GA Kunden Geld. Weil sie nicht bereisen, diese Welt.

Die Flotte der Suisse steht seit Wochen am Boden. Schon lange ist nicht mehr einer geflogen.

Vieles steht still, ob man nun will. Aber aufbauen ist das nächste Ziel.

Ich freue mich aufs Kaffee trinken. Und den isolierten Zeiten winken.

Endlich wieder eine feste Umarmung. Für unsere Seelen ein wenig Entspannung.

Wieder lachen, hüpfen und scherzen. Und mich nur noch erinnern der Rückenschmerzen.

Sich wieder treffen und Freunde sehen. Und nicht alleine zu Hause stehen.

Wieder Freunde einladen und gemeinsam essen. Wie das geht, hab' ich schon fast vergessen.

Kleidung kaufen, in einem Laden. Und zu geniessen, all diese Gaben.

Zum Coiffeur gehen, das kann ich dann wieder. Und recken meine müden Glieder.

Wie freu ich mich aufs Tanzen in einem Club. Oder eins trinken, mit Freunden im Pub.

Zu Reisen, und zu verstehen die Welt. Die uns so zusammenhält.

So hoffe ich auf gute Zeiten. Und werde mich gebührlich vorbereiten.

Hier und heut, ich freue mich. Ganz besonders auch auf Dich.

9. 4. 2020

Morgenstund hat Gold im Mund. Und die Welt wird wieder gesund.

Viele Kleine hat es hart getroffen. Aber auch die Grossen
sind betroffen.

Der Umsatz fällt seit Wochen aus. Nix zu machen. Vorhang
aus.

Ja, die Bühnen bleiben leer. Und online kreisen Bilder vom
Meer.

Die Luft ist frisch, und rein, und klar. Für die Umwelt ist die
Pause wunderbar.

Fische kommen in die Kanäle von Venedig. Die infizierten
Zahlen werden besser, langsam und stetig.

Wir in Europa haben es ja noch gut. Wenn du siehst wies in
Amerika tut.

Wobei in Italien wurde geplündert. Die Polizei steht jetzt da,
und ist gegen die Sünder.

Solange das Faustrecht nicht obsiegt. Und jeder etwas zu Essen kriegt.

Mancher arbeitet halt da schwarz. Und diese trifft's jetzt
furchtbar hart.

Sie haben verloren ihren Job. Und sind verzweifelt, und sogar grob.

Aber wer will es ihnen verdingen. Dass sie zu Essen nach
Hause bringen?

Viele sind auch arbeitslos. Ja es trifft viele, klein und gross.

Die Bauern suchen Arbeiter für das Feld. Da arbeiten sonst
viele, für wenig Geld.

Spitäler haben keine Klienten mehr. Kurzarbeit hilft ihnen
dabei sehr.

Der Blumenmarkt in Holland ist eingebrochen. Das Fernsehen hat die Händler getroffen.

Die riesen Hallen stehen leer. Und Blumen gibt es keine
mehr.

Die Autoproduktion wurde eingestellt. Und die Kanzlerin
viele Reden hält.

Die EU Kommission hat sich online getroffen. Und ein
grosses Hilfspaket beschlossen.

Aber eben, es ist nicht so rosig wies klingt. Weil diese Krise
viele Verluste bringt.

Coiffeure erhalten kein Entgelt. Obschon die verschönerten
unsere Welt.

Sie bezahlten ihre Miete und die laufenden Kosten. Das hält
nicht jeder auf seinem Posten.

So auch Ärzte, Therapeuten und der Confiseur. Ihnen geht's
ähnlich wie dem Coiffeur.

Das Ostergeschäft fällt quasi aus. Das ist für manchen ein
furchtbarer Graus.

So hätten die Gewinne den Sommer gedeckt. Dies aber fällt
dieses Jahr, nun schlicht, halt weg.

Die SBB hat den Fahrplan umgestellt. Denn sehr wenige bereisen jetzt diese Welt.

Ein Mammutprojekt sei das gewesen. Und man vergütet
rückwirkend Spesen.

Aber langsam kommt der Horizont. Und alle hoffen, dass
sich's bald wieder lohnt.

Zu wirken, zu geben, und zu erstellen. Und nicht zu hoffen
auf weitere Wellen.

Ein sanfter Einstieg soll es dann geben. Und allmählich alles
wieder beleben.

Anders als früher, das ist gewiss. Mit mehr Elan und weniger
Biss.

Viel Neues wird erblühen dann. Und viele werden sich
freuen daran.

Es wird bald neue Geschäfte geben. Und viele natürlich
überleben.

Gewinnen wird sicher das online Geschäft. Das ist vielen ja
auch ganz recht.

Aber auch Märkte, Parks und Stände werden ersetzen unsere
Wände.

Wir werden froh und munter sein. Und das vom Gotthard,
bis zum Rhein.

Wir werden die Parks wieder neu beleben. Und sehen wie
Paare zusammenkleben.

Wobei, der Abstand wird uns noch bleiben. Dass sich die
Viren nicht verteilen.

Mehr Platz im Laden, und vor der Kasse. Dass man uns nur
begrenzt einlasse.

Zu stehen ist dann nach wie vor. Vor dem gewünschten Ein-
gangstor.

Aber es hat auch Vorteile, diese Art. Viele sagen jetzt - ja ich
wart.

Und das ist beruhigend und gefällt mir sehr. Denn im Laden
stürmt jetzt niemand mehr.

Die Leute beachten sich gegenseitig wieder. Und denken an
sich, und was sie kriegen.

Wir leben doch wirklich im Paradies. Wir kriegen alles, und
auch noch dies.

Haben die Wahl vom Überfluss. Und es hat ja noch Über-
schuss.

Wir können frei wählen, unseren Land. Und im Anschluss
bezahlen, nach dem Band.

Ich bin so froh und glücklich heute. Ich hoffe, dass du dich
auch erfreutest.

Bald wieder, bald wieder, ist es soweit. Und wir kriegen wieder Waren, von nah und weit.

Nicht nur online und im Shop. Sondern regional. Und das ist
top.

Ich freue mich jetzt schon, das ist klar. Und hoffe es läuft
bald wieder wunderbar.

So grüsse ich dich noch lieb zum Schluss. Und sende dir einen Herzensgruss.

Bleib gesund und noch zu Hause. Und geniesse diese spezi-
elle Pause.

Ja wenn du Kinder hast und schwimmst. Und gerade die
Wände erklimmst.

Sie kommt wieder, deine Freiheit. Und das ist sicher!

Sei behutsam. Und mach's wie der Fischer.

Warte einfach, bis es beisst. Und du in eine neue Zeit ein-
reist.

11. 4. 2020

Corona 4

Erste Öffnungen

Es ist so schön zu verweilen. In den gereimten Zeilen.

Ja zu schreiben in dieser Not. Das gibt mir jetzt mein Täglich Brot.

Meine Gedanken erklimmen an diesem Tag. Auf dass ich
wieder nach vorn zu blicken mag.

Den Himmel, die Seele, und das Sein. Ich fühle stets schon
den nächsten Reim.

Die Sonne erstrahlt am Himmelszelt. Und schon erblüht
wieder unsere Welt.

Beim Einkauf in die Schlange stehen. Diese Zeiten werden
wieder vergehen.

Mit grosser Achtsamkeit sich die Personen. Einander begegnen und auch schonen.

So grüsst man sich wieder, ja so ist das heute. Es tun dies
wirklich alle Leute.

Lässt einander genügend Raum. Es ist schon fast wie in einem Traum.

Höflich und nett sind die Leute nun. Jeder kann so mehr in
sich selber ruhen.

Langsam und bewusst wird alles getan. Da halt ich mich
noch lange daran.

Ein freudiges Lächeln auf Deinem Gesicht. Das werd' ich
behalten – vergesse ich nicht.

Wenn wir so stehen vor Angesicht. Um uns zu berichten
eine Geschicht.

So fühlen und hören wir richtig zu. Die Zeit hält inne, es
geht nicht mehr im Nu.

Es ist auch schön in dieser Zeit. Man ist wirklich füreinander
bereit.

Man nimmt s gelassen, und mit Distanz. Somit du dich besinnen kannst.

Man ist froh, jemanden zu sehen. Und ein Stück gemeinsam
zu gehen.

Auszutauschen übers Leben. Und sich so etwas mit zu geben.

Dafür ein Lächeln im Gesicht. Ich hoffe, das vergeht dir
nicht.

Aber die alten Menschen in den Heimen. Da müsste ich se-
parat was reimen.

Sie sind allein in dieser Plage. Und erleben furchtbar lange
Tage.

Können nicht sehen ihre Frau – ihr Kind. Und auch nicht
raus, mal so geschwind.

Ja das ist wirklich, wirklich hart. Da greift sich Merlin an den
Bart.

Und Eltern haben's jetzt sehr streng. Obschon sie haben
Ihre Kinder gern.

Haben ihre Liebsten zu Hause. Und haben jetzt gar keine
natürliche Pause.

Arbeiten, Haushalt und schulisches Begleiten. Aber es geht
nicht mehr lange so weiter.

So leben viele auf engem Raum. Und dürfen nur bis zum
Gartenzaun.

Spielen und lernen jetzt alle zu Hause. Und sehen keine
Freunde, auch nicht in der Pause.

Wie der Verzicht auf Oma und Opa ist schwer. Auf einen
Besuch würde man sich freuen, sehr.

So freu ich mich selbst, meine Mutter zu sehen. Auf dass
nicht mehr viele Tage werden vergehen.

Der Bund sagt heute, wies weiter geht. Und wies um die Gesundheit steht.

So freu ich mich auf diesen Bericht. Und schliesse für heute
mein Gedicht.

16. 4. 2020

Es hat wieder Eis

Da kommt eine Lady, eine ältere Frau. Sie sieht ganz nett
aus, wie ich es schau.

Ihr Hündchen zieht an seiner Leine. Es will zu mir, um zu
schnuppern am Beine.

Die Dame zieht aber den Ciao Ciao zurück. Er schnüffelt
am Boden, noch ein Stück.

Süss ist der Kleine und voll frisiert. Die Fransen strickt, und
gerade – rasiert.

So viele Haare gibt es kaum. So kann er aber wenigstens
noch vorwärtsschauen.

Ein ruhiges Wesen, so scheint es mir. Und er bleibt nach
dem Ruf auch bei ihr.

Frauchen setzt sich, Gott sei Dank. Auf die nächste Parkes-
bank.

Gelassen liegt der Hund nun auf dem Kies. Völlig belanglos
und ohne Biss.

Sie ist nobel und gehoben, wie es scheint. Das man sieht und
darauf was meint.

Sie trägt ein Jackett mit kurzer Hose. Eine Art Grapefruit,
oder orange Rose.

Die Dame ist äusserst fein Frisiert. Und die Ärmel sind noch
etwas kaschiert.

Sie hält in der Hand einen kleinen Becher. Die andere hält
sie wie einen Fächer.

Und sticht mit dem Löffel sanft und sacht. Auf dass sie dieses bald schon wieder macht.

Nimmt einen Löffel vom süssen Genuss. Ganz gemütlich, so gar nicht im Schuss.

Sie geniesst ihr Eis, es ist wahrlich zu erkennen. Oder wie soll ich diese Musse benennen.

Mit dem Löffel befördert sie nach und nach. Es ist eine Freude, und macht ihr Spass.

Entzückt scheint diese Lady da zu sein. Und das Glace wirklich fein.

Ihre Beine liegen überkreuzt. Und meine Nachbarin sichtlich freut's.

Neben mir auf der Grünen Bank. Und löffelt weiter mit der rechten Hand.

Zum Schluss wird geschabt und alles entnommen. So als hätte sie erst jetzt begonnen.

Ein Tüchlein kommt zum Vorschein nun. Damit hat sie mit zwei Händen zu tun.

Es wird gereinigt und gepflegt. So wie man gerne die Hygiene hegt.

Ein Schächtelchen wird nun noch entnommen. Und mit Rauchen drauf begonnen.

Ihre Schuhe sind sportlich, ja gewiss. Sie geben ihrem Outfit den letzten Schliff.

Schwarz und Weiss - klassisch gewählt. Auf dass man ja auf das Äussere zählt.

So ist das gewesen heute. Ich habe gesehen manche Leute.

Draussen in Zug, am See, in der Stadt. Wo es wieder Glace
hat.

So gehe ich morgen und tu es ihr gleich. Obschon – ich bin
ja nicht wirklich reich.

Aber so ein Eis will ich mir gönnen. Und mich voll und ganz
verwöhnen.

Ich freue mich schon auf meine Wahl. Und auf die Wärme,
den Sonnenstrahl.

Zu sitzen unter dem blättrigen Baum. Um selbst zu erleben,
diesen Traum.

Ich grüsse Dich, zum Schluss für heute. Und hoffe morgen
zu sehen wieder Leute.

Leute die sind und in sich ruh'n. Leute die sind und etwas
tun.

17. 4. 2020

Corona 5

Es ist nichts los.

Es ist nichts los – was tu ich bloss?

Der E-Mail Account ist immer leer. News gibt's also keine
mehr.

Die Musik tönt froh und ziemlich munter. Ich sollte mal
zum Postfach runter.

Sollen und wollen sind halt zwei Dinge. Und aus der Box
eine schöne Stimme erklinge.

Was soll ich tun, mit meiner Zeit. Ich fühle mich heute so
gar nicht bereit.

So stopfe ich Tabak in meine Pfeife. Und hoffe, dass ich es
noch begreife.

Auf Facebook gibt's heut auch nichts Neues. Und was da
steht, ist nicht viel Schlaues.

So lasse ich das Handy liegen. Meine Gedanken heute gar
nicht fliegen.

Ich bin so dumpf und angepasst. Diese Stimmung hier, die
ist gehasst.

Keine Chance, heut hab ich's halt verpasst. Und ich's mit
Schreiben besser lass.

Aber was gibt es sonst im Leben. Was könnt' ich sonst zum
Besten geben?

Den Haushalt habe ich gestern gemacht. Und es ist alles
schon fein vollbracht.

Die Wäsche hängt frisch an den hohen Leinen. Ich könnt
mich bewegen, mit den Beinen.

Aber gar nichts macht mir heute Lust. Ich hab' so ziemlich
einen Frust.

Es fehlt mir der breite Horizont. Ein Thema, dass sich zu
bearbeiten lohnt.

Das chatten mit Männern ist nun vorbei. Ich hoffe es klappt
bald mit uns zwei.

Der Geliebte spricht Französisch in der Tat. Nun hab' ich
mit Übersetzen meinen Spass.

Ich möchte wieder lernen diese Sprache. Damit ich's versteh,
und besser sage.

Auch will ich verstehen die englischen Texte. Dass ich nicht
immer dran herum hecke.

Das wären ja Ziele, würdest du mir sagen. Aber es kommt
mir jetzt vor, wie üble Plagen.

Ich mag heute einfach nichts vollbringen. Denn ich kann
mich ja auch nicht zwingen.

Was ist es, was mich reizt im Leben? Mit was könnt ich mein
Bestes geben?

Meine Motivation ist fast gleich Null. Und dieses Gefühl ist
gar nicht cool.

Ich habe gar kein Ziel vor Augen. Und das ist hart, ja kaum
zu glauben.

Meine Liebe kann ich nicht sehen. Sie lebt in Frankreich,
wenn sie verstehen.

Und zu dieser Coronazeit. Steht dieses Angebot nun nicht
bereit.

Kein Laden, kein Coiffeur, hat jetzt offen. Und ich hätte
mich so gerne getroffen.

Ich dürste nach Geselligkeit. Dafür wäre ich jetzt voll bereit.

So jetzt ist fertig mit Zetern und Klagen. Aber es ist hart, in
diesen Tagen.

So schaue ich jetzt, wen ich treffen kann. Und schliesse jetzt
– somit, sodann.

21. 4. 2020

Corona 6

Wer hat wohl Lust in den Corona Tagen. Auch mal etwas
Neues zu wagen?

Wir sind alle gewöhnt, zu bleiben drin. Auch wenn wir mal
sagen, ich glaub, ich spinn.

Die Wehmut schlägt unsere Laune nieder. Wann kommen
wohl einst die Kinder wieder?

Man gewöhnt sich nicht gerne dran. Dass man alles online
bestellen kann.

So sind meine Schuhe jetzt hinüber. Aber da schau ich jetzt
mal drüber.

Ich laufe weiter darin fort. Und freue mich auf den Frühling
im Ort.

Die Sonne bescheint uns in allen Tagen. Das ist wohl das
Beste, während all der Klagen.

Aber wie immer – alles hat zwei Seiten. Und wir müssen uns
jetzt vorbereiten.

Auf Masken im Laden und im Zug. Ich hoffe, diese Zeit vergeht wie im Flug.

Bleibt das Social Distancing noch bestehen? Wie viele Tage
müssen denn noch vergehen?

Bis ich meine Freunde in die Arme schliesse. Und diesen
Akt mit Champagner begiesse.

Ich habe schon wieder Besuch empfangen. Mehr kann man
von mir jetzt nicht mehr verlangen.

Wie machen das die Franzosen nur. Die dürfen ja nicht raus,
da gibt's keine Spur.

Da geht es uns in der Schweiz richtig gut. Und hast du gehört, wies Schweden tut?

Aber die haben sehr viel Meer als Grenze. Und auf dem See,
da quakt die Ente.

Immer wieder sind Menschen, tief berührt. Wenn man sie
wieder zusammenführt.

Auf dass man sie sachte durch die Krise führt. Und denn
Brennpunkt ja nicht schürt.

Sie begleitet auf dieser langen Reise. Aber welches sind die
härtesten Preise?

Erlösung und Nähe, viel Zuversicht. Ist im Moment unser
grösstes Licht.

Zu fühlen einen Menschen - zu sehen ein Gesicht. Ohne
Mitgefühl geht es einfach nicht.

Die Liebe zu Freunden, zum Umfeld, Verwandten. Oder
just einfach, zu einem Bekannten.

Ist im Moment des Tiegels Schmelz. Und zeigt uns, was uns
zusammenhält.

Vielen wächst bereits ein Pelz. Egel ob jetzt ein Gletscher
schmilzt.

So ist die Freude gross nun heute. Wo sich wieder setzen, so
manche Leute.

Auf den Stuhl, beim Coiffeure mit Maske. Dass man sie am
Schopf jetzt packe.

Tschechien beweist mit tiefen Zahlen. Dass sie ziemlich gut
Kaffee mahlen.

Die Infektionen sind wirklich gering. Da denk ich mir bloss
– woow nein, ich spinn.

Es hat seinen Zweck, dieser Stoff vor der Nase. Und rettet
uns, vor der Corona Plage.

Träger des Virus sind bei uns bloss 5 Prozent. Und diese In-
formation mich wirklich hemmt.

Wird es eine neue Welle geben? Und wie lange ist mit Maske
zu leben?

Alle Fragen sind nicht mehr ganz offen. Ja - ich habe einige
Freunde getroffen.

So viele Fragen zu stellen ist gut. Und klare Antworten tun
uns gut.

Und in diesem einfachen Sinn. Ich heute wieder munter bin.

Gesund um zu bereiten so einige Taten. Andere bestellen
nun ihren Garten.

Andere wieder lieber abwarten. Und dritte jetzt dann wohl
bald durchstarten.

So sind wir halt, alle individuell. Und meinen, es ginge immer alles ganz schnell.

Aber mit dieser Krise ist nicht zu spassen. Also nehmen wir
es doch einfach, etwas gelassen.

Die Wirtschaft beginnt allmählich wieder zu brummen. Und
in der Luft die Bienen summen.

Es kommt nun eine neue Welt. Die uns mit Masken am Leben hält.

Ich hoffe nur, es gibt ein Ende. Oder es kommt mal eine
Wende.

Alles Gute Dir. Von mir.

27. 4. 2020

Sonntag

Ich bin glücklich und zufrieden. Dieser Sonntag wird gepriesen.

Es hat die letzten Tage geregnet. Und die Natur wurde so gesegnet.

Sechs Wochen lang schien zuvor die Sonne. Und ich genoss sie sehr, diese Wonne.

Ging schon baden in den See. Obwohl, die Rigi hat noch Schnee.

Adele erklingt aus meiner Box. Und hin und wieder ein Werbespot.

Ich geniesse meinen Frühstückskaffee. Und nachher gibt's frischen Minzentee.

Was soll ich machen mit dem Tag? Ich könnte nach draussen, wenn ich mag.

Einen Spaziergang machen, oben im Wald. Ob die Brenesel spriessen schon bald?

Für einen frischen knackigen Salat. Dafür wäre ich jetzt voll parat.

Oder wieder kriechen ins Bett. Oder surfen im Internet.

Die Parship Konten noch studieren. Oder mit meiner Mutter telefonieren.

Oder mit dem Velo einen Ausflug machen. Oder abstauben, die sieben Sachen.

Mochte ich vielleicht etwas Fernseh schauen. Oder chatten mit meinen Frauen.

Es gäbe so viel Schönes zu tun. Aber ich möchte einfach
noch etwas ruhen.

Alles etwas gemächlich nehmen, nicht geschwind. Die Natur
geniessen und den Wind.

Mit dem Velo fahren, entlang dem See. Und mich auf die
Wiese legen, voller Klee.

Zuerst möchte ich mir die Nägel lackieren. Und das frische
Brot probieren.

Ja, mal meine Agenda studieren. Und einfach etwas Zeit verlieren.

Ich mache mir einen ruhigen Tag. Ach wie ich diese Freiheit
mag.

Einfach etwas rumzusitzen. Und den Kaffee zu erhitzen.

Etwas Neues aufzuschreiben. Und einfach etwas zu Hause
bleiben.

Zu geniessen, den Tabak, die Pfeife. So, wie ich es als Luxus
begreife.

Zu schwelgen in der Sonntagszeit. So, der Kaffee ist jetzt bereit.

Ich habe noch geschlafen volle vier Stunden. Um den Sonntag abzurunden.

Bin entspannt und etwas schwer. Das gefällt mir aber voll,
so sehr.

Mein Gemüt verbreitet Frieden. Und nur zu sein, ist heute
gediegen.

Der Fernseher läuft im Hintergrund. Ich bin zufrieden und
voll gesund.

Das gefällt mir, zu dieser Corona Zeit. Ja, die Masken liegen
bereit.

Morgen geh ich noch zum Arzt. Auf das ich schon so lang
darauf wart.

Nur muss ich dann eine Maske tragen. Das wird komisch –
was soll ich sagen.

Mit der Maske als vis a vis. Das werde ich sicher vergessen -
nie.

Noch etwas chatten und den Tag geniessen. Und in den Ge-
fühlen schwelgen, und in mir fliessen.

So wünsch ich dir einen schönen Tag. Und werde morgen
wieder schreiben, wenn ich mag.

3. 5. 2020

Rätsel

Rätsel 1

Was ist das? Es ist klar und leicht. Und du damit mehr er-
reichst.

Somit die Welt dir erscheinen tut, und auf Physik das Prinzip
beruht.

Du kannst erkennen jeden Rand. Und bekommst es im ganzen Land.

Meist ist es aber ziemlich teuer. Andere schützen vom Son-
nenfeuer.

Jetzt weisst du gewiss, was ich meine. Und trägst du denn
davon auch eine?

Du siehst es ohne nicht so gut. Aber es mit - seine Wirkung
tut.

Sei dies nahe oder in die Ferne. Viele schmücken sich damit
auch gerne.

Hast du's erraten, des Rätsels Sinn. Morgen verrate ich, was
ich bin.

28. 4. 2020

Rätsel 2

Kannst du erraten, was ich meine. Meistens sagt man, gib
mir einen.

Oder er liegt bereit auf dem Tisch. Waagrecht oder senk-
recht, wie es grade ist.

Es macht einen Klick, wenn du oben drückst. Und ich oft
mein Haus, mit Vorrat bestück.

Man braucht es oft und denkt nicht gar. Aber die Erfindung,
ist wunderbar.

Wie du es öffnest? Ja mit drehen. Dann wirst du meistens
eine Feder sehen.

Wenn das Gerät nun voll ist, nicht leer. Kannst du es gebrauchen, sonst nicht mehr.

Bei den Guten kannst du etwas ersetzen. Kannst damit aber
auch jemanden verletzen.

Wobei, dies ist nicht der wahre Sinn. Manchmal hält man es
auch ans Kinn.

Dann hältst du es in deiner Hand. Und es gibt es im Paper
Land.

Hast du's erraten, des Rätsels Sinn. Morgen verrat ich, was
ich bin.

28. 4. 2020

Rätsel 3

Man braucht es heute ganz unbedacht. Selten sogar, wenn
man da lacht.

Was ist es bloss, was ich hier meine. Früher hatte man noch
- seine.

Sie waren persönlich, edel oder schlicht. Und man damit innere Mauern bricht.

Man trägt es noch heute in der Frauentasche. Und nahm es
früher mit in die Wäsche.

Heute sind die feinen zarten Lagen. Auch gut, wenn dich die
Augen plagen.

Man nimmt es geschwind aus einer Box. Und wirft es nachher meistens fort.

Das ist nun leicht. Du wirst es wissen. Und die Backe des
Mannes wischen nach dem Küssen.

Hast du's erraten, des Rätsels Sinn? Morgen gibt's die Lö-
sung. Und du weisst was ich bin.

28. 4. 2020

Rätsel 4

Es ist ein Rätsel, was ich meine. Was ich so zusammenreime.

Es ist fast eine Kugel, manchmal weiss. Und sie hat schon
ihren Preis.

Weich und sanft liegt's in der Hand. Und ist ähnlich einem
Band.

Ja es kann jede Farbe haben. Und du kannst herstellen manche Gaben.

Sei es was Feines, oder gross. Nur auf die Haut soll es nicht
– so bloss.

Das Produkt kommt von den Tieren. Und du musst es richtig schnüren.

Du kannst es aber auch färben dir. So wie es dir gefällt jetzt
hier.

Es ist ja alles an einem Stück. Und bringt dir auch so manches Glück.

Aber wenn es hat so Knöpfe. Muss du bewahren ruhige
Köpfe.

Aber Sinn des Verses ist. Dass du die Knöpfe schnell ver-
gisst.

Sage mir, was ist es denn. Damit du etwas erzeugen kannst.

Sage mir des Rätsel Wort. Und ich antworte dir sofort.

1. 5. 2020

Rätsel 5

Was suchen wir?? Es ist im Garten und kein Tier.

Es ist Schwarz und hat grüne Streifen. Fast ähnlich wie ein
Autoreifen.

Manchmal hat es auch andere Farben. Das eine fühlt sich an,
wie frische Narben.

Man muss es anschliessen, vor Gebrauch. Und nachher auf-
rollen, kannst du es auch.

Es ist sehr beweglich, und manchmal hart. Und oftmals
braucht es der Hausabwart.

Fast wie eine Schlange bewegt es sich fort. Und wenn du still
bleibst, bleibt es auch dort.

Du kannst so beschenken deine Pflanzen. Oder anderen
kühlen, den heissen Wampen.

Jetzt weisst du gewiss, was es ist. Und vergiss deine Notizen
nicht.

Was suchen wir??

1. 5. 2020

Rätsel 6

Es ist weich und hat einen Bauch. Und zum Schmusen ist er
auch.

Was ist es nur, was ich hier suche. Welches Ding schlägt hier
zu Buche?

Du hast damit wohl oft gekuschelt. Und manchmal ihm was
zu genuschelt.

Aber er hat seinen Platz noch immer. In deinem schönen
Kinderzimmer.

Du liebst ihn sicher, immer sehr. So.. verraten tu ich dir
nicht mehr.

Doch, etwas kann ich verraten dir. In meinem Namen wird
berichtet von ihm.

Seine Augen und seine Nase sind speziell. So, jetzt errate
mir, was es ist ganz schnell.

2. 5. 2020

Rätsel 7

Es ist wie ein Wunder, diese Gabe. Oftmals ich auch gerne
daran labe.

Du kannst dich erquicken, ja - darin. Und dass ich wirklich
gern darin bin.

Es wird täglich gebraucht, viel und zu Hauf. Und für den
Konsum du es ja kaufst.

Es macht dich munter und auch frisch. Und steht bei mir
immer auf dem Tisch.

Es besteht eigentlich aus zwei Stoffen. Und lässt so manchen
manchmal hoffen.

Das ist jetzt einfach, du weisst es gewiss. Und es füllt jeden
Erdenriss.

Ja, der Priester braucht es zur Taufe. Und es fliesst durch
deine Traufe.

So schreibe hin das Lösungswort. Ich werde dir antworten,
wenn auch nicht sofort.

2. 5. 2020

Rätsel 8

Was ist es bloss, was ich hier suche. Mit welchem Ding liegt
es zu Buche.

Es ist meist weich, und sanft im Kern. Und alle haben's
furchtbar gern.

Meist hat es grad vier Ecken - oder ist auch rund. Und es
gibt solche, die machen dich gesund.

Das Äussere unterscheidet sich immer. Es gibt auch solche
bei dir im Zimmer.

Du kannst die Hülle davon entfernen. Vor allem Nacht's
hast du es gerne.

Meistens sind sie ziemlich schlicht. Und missen möchtest du
es nicht.

Es gibt die Hüllen, meist Baumwolle im Pack. Und das Mus-
ter zeigt auch deinen Geschmack.

Manchmal machst du damit eine Schlacht. Und du brauchst
es in der Nacht.

Was ist es jetzt, was ich hier suche. Mit welchem Ding
schlägt das Rätsel zu Buche??

3. 5. 2020

Rätsel 9

Was ist es nur, was denkst du dir?

Man kann es nutzen bei dir, bei mir.

Wir sind alle steht's darauf bedacht.

Dass wird das tun, in Ruhe und sacht.

Wir pflegen gar dieses intime Geschäft.

Und das Ding ist fest angemacht, auch wenn du schläfst.

Du brauchst es täglich, viel an der Zahl.

Und manchmal hast du keine Wahl.

Es ist lebensnotwendig, und sehr rein.

Mindestens, so sollte es sein.

Du sitzt da wirklich ganz gerne drauf.

Und Formen gibt es viele - ja zu Hauf.

So sage mir, was suche ich?

Das wäre nett, ich meine dich.

5. 5. 2020

Rätsel 10

Es hat so machen Knopf daran. Und man es bedienen kann.

Es funktioniert mit besonderen Wellen. Und man kann es
auch verstellen.

Natürlich braucht es etwas Strom. Damit erreicht wird die
Funktion.

Vor allem ältere Generationen lieben dies. Oder die Bauern
stellen dies.

In den Stall zu den guten Kühen. So dass sie belohnt sind
für ihre Mühen.

Hingegen alle haben's im Auto eingebaut. Weil man auch darauf vertraut.

Oder anders gesagt, es verbreitet eine gute Energie. Das aber
besonders ist, nur wie?

Die Frequenzen sind schon gut zu wählen. Sonst dich
schlimme Töne quälen.

Jetzt weisst du sicher, was ich meine. Und schreib es darunter, was ich reime.

7. 5. 2020

Rätsel 11

Es gibt ihn klein, oder auch gross. Aber was tun wir damit
bloss.

Du brauchst noch etwas schon dazu. Damit du es verwen-
den kannst in Ruh.

Manchmal sind sie einfach leer. Und manchmal überladen
sehr.

So stehen sie still, und man kann damit machen was man
will.

In manchen Ländern ist es ein Luxus gar. Aber hier gibt es
viele, so wunderbar.

Meist sind sie hoch, eckig, oder rund. Und manchmal die
Oberfläche etwas bunt.

Es kommt darauf an, wie du ihn bedienst. Und damit du in-
direkt dein Geld verdienst.

Was ist es nun, was ich hier buche? Oder was ich hier
schlicht suche??

8. 5. 2020

Rätsel 12

Für manche ist dies jetzt fast heilig. Und das Gesuchte hat es
oft eilig.

Sie sind schnell und wendig im Tun. Manchmal sie aber auch
nur ruh'n.

Sie tragen ein gar hübsches Kleid. Und manchmal tun sie einem leid.

Denn man kann sie nicht nur draussen sehen. Man kann
auch in einen Laden gehen.

Und sie kaufen in diversem Sinn. Womit ich nicht immer
einverstanden bin.

Um sie zu halten, oder zu verspeisen. Und um einen feinen
Gaumen zu beweisen.

Dies ist aber manchmal schwer. Denn ihr Inneres sticht
manchmal sehr.

Darum erfordert es ein gewisses Können. Um das Innere
vom Filet zu trennen.

Was ist es nun, was suche ich. Schreibe es darunter, ich
melde mich.

8. 5. 2020

Rätsel 13

Es ist ganz speziell im Eigengeschmack. Und du kaufst es, in einem Pack.

Du brauchst es für den persönlichen Genuss. Und bringst damit deinen Körper in Schuss.

Viele sagen es sei nicht gesund. Vor allem wenn du es nimmst so Stund für Stund.

Aber es hat gewiss auch manche Vorteile. Und es dämpft die Langeweile.

Dein Appetit wird etwas gehemmt. Wenn man davon etwas verglimmt.

Du kannst es offen oder verarbeitet kaufen. Damit rumstehen, oder auch etwas laufen.

Hast du's erraten, was ich suche? Welcher Inhalt schlägt jetzt zu Buche??

8. 5. 2020

Rätsel 14

Du kannst es verfeinern und gestalten. Oder es schlicht und
einfach halten.

Es hat einen ganz besonderen Geschmack. Fast jeder diesen
gern hat.

Für manche ist es eine Medizin, schon fast. Man sollt es geniessen ohne Hast.

Du kannst dir damit den Tag versüssen. Oder eine Freundin
damit begrüssen.

Es ist ja wirklich ein grosser Kult. Bei mir steht die Tasse immer auf dem Pult.

So ist es weiss oder braun bis schwarz. Und ohne dies wäre
es für manchen hart.

Was meine ich, was suche ich? Schreib es mir, ich frage
Dich.

8. 5. 2020

Rätsel 15

Dieses Rätsel ist speziell. Vielleicht errätst du es ziemlich
schnell.

Es gibt tausende an der Zahl. Aber wir wollen nur einige
aufs Mal.

In gewisser Harmonie sollten sie zusammen sein. Dass sie
gut ankommt, in die Ohren hinein.

Nicht zu laut und nicht zu leise. Und mit Singen dies beweise.

Und wenn du sie gut zusammenstellst. Das bestimmt vielen
Menschen gefällt.

Für Könner gibt es dafür auch Preise. Was die Masse
schlicht beweise.

Ich meine es aber nur im einzelnen Sinn. Sage mir, was ich
hier bin.

8. 5. 2020

Lösungen

1. Brille
2. Kugelschreiber
3. Nastuch
4. Wollknäuel
5. Gartenschlauch
6. Teddybär
7. Wasser
8. Kissen
9. Toilette
10. Radio
11. Tisch
12. Fisch
13. Tabak
14. Kaffee
15. Ton

Geschrieben von Ursina Müller, seit Beginn der Coronazeit
bis Mitte Mai 2020.

Kunstschaffende und Autorin

www.ursina-mueller.ch